당신이 모르는
이름의 비밀

당신이 모르는
이름의 비밀

| 작명 지침서 |

고흔 **노선경** 지음

좋은땅

여는 글

인간의 인식 속에 '호박'과 '장미'는 차이가 있다. 예전에는 못생긴 사람을 호박으로, 예쁜 사람을 장미로 비유하곤 했다. 이름에는 고유의 연상되는 요소가 있다. 당사자를 모르는 상황에서 '백합'이나 '목련'이라는 이름을 듣는 순간 자연스럽게 그 꽃을 연상한다. 당사자를 알아도 마찬가지다. 백합이 호박에 비해 우아하고 품위 있다고 생각할 것이다.

26년 전 딸의 이름을 작명법 관련 책 몇 권으로 한자식 수리작명법을 익힌 후 지었다. 그 후 '자음식 작명법'을 체계적으로 학습하면서 '한자식'에 비해 진보적이지만 모음에 따라 소리가 달라지는데 단순히 '획수 산정'에만 활용하는 것이 납득되지 않았다.

'자음식'이 시들해질 즈음인 2009년, 책을 통해 '자모음식'을 접했다. 이미 자음식을 익힌 터라 대부분의 이론을 이해했지만 완벽하지 않으면 편치 않은 성격이라 수강으로 부족함을 채웠다.

어떤 학문을 받아들일 때, 항상 '왜?'라는 의심을 하라지만 그에 버금가는 관련 지식이 있어야 가능하다.

작명법이 진보되면서 더 합리적인 것에 대한 고민도 했지만, 당시는 작명법에 어긋나면 안 된다는 생각이 지배적이었기 때문에 작명법이 올가미가 된 경우도 많았다.

　대학원에 진학하여 논문 준비로 작명법을 객관적으로 보게 되면서 '모음 오행 오류'라는 문제점을 발견했다. 당시는 오류가 아님을 밝히는 데 많은 시간과 노력을 투자했다. 결국 방법이 없어 좌절했으나 다행히 그 과정에서 큰 수확이 있었다. 논리적인 접근과 합리적인 방법론으로 오행을 새롭게 적용하며 임상을 진행하는 과정을 통해 실패와 오류로부터 길을 찾은 것이다.

　석사 논문을 준비하면서 시작된 임상이 박사 논문을 마무리할 즈음 어느 정도 윤곽이 잡혔다. 그래서 석사와 박사 논문의 사례는 모음과 관계없는 중심수로 설정했다.

　이 과정을 통해 작명가의 본분은 작명법이라는 가이드라인과 당사자의 행복을 바라는 진심을 담는 것임을 자각하였다.

　책이 완성될 수 있도록 애써 주신 바른네임의 작명가 선생님들과 연구의 필요성을 짚어 주신 김미석 교수님, 연구의 당위성을 주신 이희주 학과장님, 학술 발표에서 연구 결과에 대해 큰 용기를 주신 박영창 학장님께 깊이 감사드린다.

2023년 8월

노선경

차례

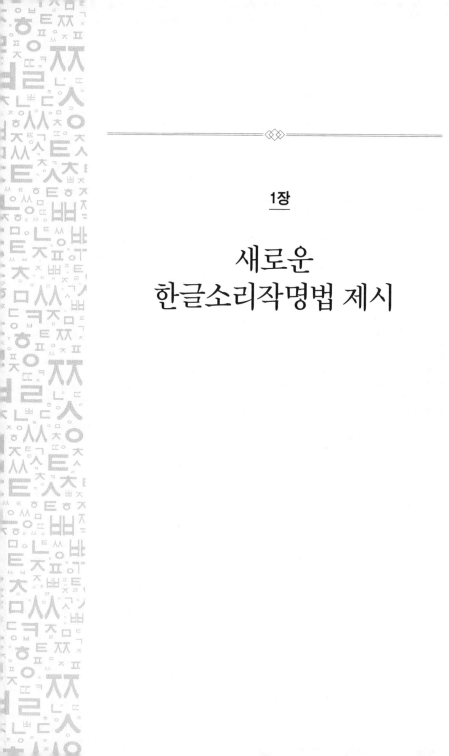

1장

새로운
한글소리작명법 제시

1

오행 배속 문제와 한글소리작명법

변화 없는 발전은 없다. 역易에서 변화는 중요한 의미이며 작명법도 예외가 아니므로 자체적인 발전을 꾀한다. '수리식'의 불합리함으로 '자음식'이 나왔고, '자음식'의 부족함으로 '자모음식'이 나왔듯이 자모음식의 '모음 오행 배속 문제'로 새롭게 '한글소리작명법'을 제시하게 되었다.

소리의 파동이나 작명법은 눈에 보이지 않는다. 보이지 않는다고 하여 현상 너머에 있는 세계를 부정할 수 없다. 매우 간단한 실험으로도 증명할 수 있기 때문이다. 사물에는 고유의 진동수(소리)가 있는데 진동수가 같으면 공명 현상이 생긴다. 공명 현상이란, 진동수가 같은 고유의 소리 파동이 어떤 물체를 통과하면 그 물체에도 진동 폭(파동)이 생기는 것을 말한다.

소리굽쇠 실험에서 명확히 드러나는데 소리굽쇠를 쳐서 생기는 소리의 진동을 물속에 넣어 보면 진동의 세기에 따른 파동의 움직임을 확인할 수 있다. 이외, 그네 타기, 라디오나 TV 채널 맞추기, 와이파이 등도 공명의 원리를 활용한 것이다. 모든 사물에 고유의 진동수가 있듯이 인간도 개인마다 다른 공명(파동)이 있다. 그것을 찾아내어 작명에 활용하는 것이 한글소리작명법의 기본 원리이며 『훈민정음』, 「해례본」을 근간으로 한다.

「해례본」이 발견되기 전에는 세조 때 간행된 「언해본」만 존재하였다. 「언해본」에는 한글의 제자 원리를 기록한 부분이 누락되어 일제강점기 때 '한글은 한옥 창살을 보고 만든 것'이라는 설을 비롯해 가림토설, 산스크리트어 유래설 등 다양한 설이 있었지만 「해례본」이 발견됨으로써 한글의 자음은 인체의 발음기관을 본뜬 것이고, 모음은 '천지인삼재天地人三才'를 음양오행의 원리에 따라 만든 것이 명백해졌다.

『훈민정음』은 천지인天地人(·ㅡㅣ)의 세 글자를 기본자로 하여 11개의 모음을 만들었다. 창제 당시에는 생성순으로 '천지인'으로 표기하였지만 현재는 '천인지', '천지인' 둘 다 같은 의미로 쓰고 있다. 작명법에서는 하늘과 땅 사이에 서 있는 인간의 모습을 표현하기 위해 천인지天人地(·ㅣㅡ)로 표기하였다.

'천인지天人地' 사상은 '삼재三才' 사상이라고도 하는데 동양철학에서 다방면으로 중요하게 활용한다.

자음과 모음의 오행 분류는 『훈민정음』, 「해례본」을 체體로 하고 「운해본」을 용用으로 한다. 자음의 기본자는 양陽으로 정하고, 재출자는 음陰으로 정한다. 오행 배속은 자음은 'ㄱ·ㅋ'은 목, 'ㄴ·ㄷ·ㄹ·ㅌ·ㄸ'은 화, 'ㅇ·ㅎ'은 토, 'ㅅ·ㅈ·ㅊ·ㅆ·ㅉ'는 금, 'ㅁ·ㅂ·ㅍ'은 수로 한다. 모음은 'ㅏ·ㅐ·ㅑ·ㅒ'은 목, 'ㅜ·ㅟ·ㅠ'는 화, 'ㅣ·ㅡ·ㅢ'은 토, 'ㅓ·ㅔ·ㅕ·ㅖ'는 금, 'ㅗ·ㅚ·ㅛ'는 수로 한다. 이유는 뒤에서 자세히 설명한다.

인간의 운명 유추법은 다양하지만 크게 태어난 '때'인 사주四柱, 사는 '곳'인 풍수風水, '부르는' 이름姓名으로 나눌 수 있다. 이를 '삼재 사상'에 대입하면 하늘은 시간의 '사주', 땅은 공간의 '풍수', 시간과 공간에 존재하는 인간은 이름이다.

천인지 중 천지(하늘과 땅)는 인간 능력 밖이지만 '인'의 이름은 인간의 의지에 있으므로 운명 개척의 가장 적극적인 방법이라고 할 수 있다. 운명 개척의 수단으로 풍수는 '비보', 이름은 좋은 '작명'이다.

2

한글소리작명법 개요와 오행 분류

    소리를 이용한 작명법의 종류는 자음과 모음의 활용 여부에 따라 구분된다. 창안자는 '이우람 선생'으로 소리작명법이 어떤 방식을 취하든 '자음식'에서 비롯되었으며 명리의 십성론을 차용한 것은 명백하다.

    '자모음식'을 체계화한 사람은 예지연(본명: 안영란) 선생으로 알려져 있다. 그가 저술한 책에 의하면 자모음식을 창안한 사람은 '우충웅 선생'으로 현재 행방이 묘연하다고 전해진다. 필자도 자모음식의 모음 배속에 대한 의문으로 창안자의 의견을 듣기 위해 수년 전부터 알아보았으나 결국 찾을 길이 없었고, 체계화한 예지연 선생의 답변도 들을 수 없어 직접 수년간에 걸쳐 연구하게 된 것이다.

    한글소리작명법은 사주명리와 같은 원리로 평생 운을 비롯한 세歲운, 월月운, 일日운, 시時운을 볼 수 있다. 이는 개명을 하지 않는 선에서는 변하지 않는 고유수와는 별개로 매년, 매월, 매일, 매시간 바뀌는 유동수가 있기 때문이다.

(1) 자음 오행

작명법에 활용하는 한글의 자음은 아래 표와 같다. 자음 오행은 기본자를 양으로 정하고, 가획자는 음으로 정한다. 이때 'ㅇ·ㅎ'과 'ㅁ·ㅂ·ㅍ'의 오행 설정은 작명가마다 다르다. 한글소리작명법에서는 'ㅇ·ㅎ'은 토土에, 'ㅁ·ㅂ·ㅍ'은 수水에 배속한다. 이에 대한 자세한 설명은 뒷장에서 다룰 것이다. 아래는 자음을 비롯한 오행 분류표이다.

오행	목木	화火	토土	금金	수水
자음	ㄱ ㅋ·ㄲ	ㄴ·ㄷ·ㄹ ㅌ·ㄸ	ㅇ·ㅎ	ㅅ·ㅈ·ㅊ ㅆ·ㅉ	ㅁ·ㅂ·ㅍㅃ
소리	어금니	혀	목구멍	치아	입술
오음	각角	치徵	궁宮	상商	우羽
계절	봄	여름	간절기	가을	겨울
인체	담낭 간장	소장 심장	비장 위장	대장 폐장	방광 신장
방위	동	남	중앙	서	북
속성	상승	확산	중화	수렴	저장

〈바른네임 자음 오행 분류표〉

(2) 모음 오행

한글의 모음은 아래 표와 같다. 기본자에서 나온 초출자는 양에 배속하고, 재출자는 음에 배속한다. 추가 모음은 사람을 의미하는 'ㅣ'를 결합하여 음양오행을 배속한다. 아래는 이것을 정리하여 표로 나타내고, 이유를 설명하였다.

오행	목		화		토		금		수	
음양	양	음	양	음	양	음	양	음	양	음
모음	ㅏ	ㅑ	ㅜ	ㅠ	ㅣ	ㅡ	ㅓ	ㅕ	ㅗ	ㅛ
추가 모음	ㅐ	ㅒ	ㅟ				ㅔ	ㅖ	ㅚ	
이중 모음	* 생극 원리: ㅘ(수생목)·ㅝ(화극금) * 잘 안 씀: ㅞ·ㅙ									

〈바른네임 모음 오행 분류표〉

주역은 변화의 학문이다. 주역의 48번째 괘는 수풍정水風井괘로 우물에 관한 것인데 근원에 대한 설명이다. 과거에는 나무로 네모 모양의 침목을 만들어서 물이 나오는 곳에 묻어 우물 벽을 쌓고, 그 물구멍을 통해물이 차면 두레박으로 물을 길어 올렸었다. 수풍정괘의 처음이 '井 改邑不改井 无喪无得 往來井井'으로 마을을 옮길 수는 있어도 우물은 옮길수 없다는 것인데 물이 나오는 근원은 바꿀 수 없다는 뜻으로 근본(體)

의 중요성을 강조한 것이다. 근본을 바꿀 수 없듯이 천인지(· ㅣ ㅡ)로 시작되는 한글 모음의 근본도 바꿀 수 없다. 창제 당시 『훈민정음』의 모음은 천인지(· 하늘, ㅣ 사람, ㅡ 땅)를 기본으로 하였다.

　천인지(· ㅣ ㅡ)는 오행으로 모두 토土에 배속했는데 이 중 하늘을 본떠 양토陽土에 배속한 '·'은 없어진 글자이다. 작명법에서는 없어진 '·'을 대신하여 'ㅣ'를 배속한다. 이유는 'ㅡ'는 이미 음토陰土로 배속되었기 때문이고, 음양이 겸비되었다 하여 따로 음양을 나누지 않은 'ㅣ'가 '·'를 대신하는 것이 이치에도 맞기 때문이다. 또한, 사람과 하늘의 천인합일 사상은 유교적 관념뿐 아니라 역학 분야에서도 주요 관념으로 활용되고 있다.

　세상의 이치를 체體와 용用으로 나눌 수 있듯이 글자와 글자의 소리도 체용을 나눈다. 「해례본」, 「제자해」의 앞부분에서 "원리가 이미 둘이 아닌데 어찌 천지·귀신과 그 '용'(활용 또는 작용)을 함께하지 못하겠는가!"라고 한 것도 체용 사상에서 나온 것으로 보인다. 작명법에서는 『훈민정음』, 「해례본」을 '체'로 하여 작명에 활용하기 편리하도록 '용'을 완성하였다.

　체용 원리로 물을 '체'로 보았을 때, 끓인 차나, 얼음은 활용하기에 따라 달라지는 '용'이다. 명리에서도 수水와 화火는 체용을 달리한다. 작명법에서 활용하는 이유를 역의 원리에서 찾아보면 다음과 같다.

오행에는 목木, 화火, 토土, 금金, 수水의 5종류가 있으며 이들은 서로 상생과 상극이라는 기본적인 생극 원리가 있다. 상생으로는 목생화, 화생토, 토생금, 금생수가 있으며, 상극으로는 목극토, 토극수, 수극화, 화극금, 금극목이 있다.

생극은 목木을 시작으로 수水까지 이어지며 순환된다. 오행도 각각 음양을 나누는데 목木은 갑목甲과 을목乙, 화火는 병화丙와 정화丁, 토土는 무토戊와 기토己, 금金은 경금庚과 신금辛, 수水는 임수壬와 계수癸가 있다.

하나의 오행은 양陽에서 시작하여 음陰으로 마무리된다. 즉, 갑목으로 시작하여 을목으로 마무리되며 다른 오행도 마찬가지다. 오행과 오행 사이는 토土가 이어 주는 역할을 하며 양이 먼저 시작하여 음으로 완성된다.

목木을 예로 들면『훈민정음』「해례본」에는 'ㅏ'와 'ㅕ'가 각각 갑목甲木과 을목乙木으로 되어 있다. 그러나 우리가 실제로 'ㅏ'와 'ㅕ'의 소리를 낼 때, 입안의 혀가 움직이면서 혀의 위치가 어긋난다. 갑목을 'ㅏ'라고 할 때 하나의 획을 더한 을목을 'ㅕ'라고 하기보다 'ㅑ'라고 하는 것이 자연스러운 발음이다.

즉, 같은 오행을 음과 양으로 나눌 때 'ㅏ'(아), 'ㅕ'(여)의 발음처럼 엇갈리기보다 ㅏ(아), ㅑ(야)처럼 발음이 같은 오행이 한 단계 더 나아간 모습에 가까워 보인다. 'ㅓ·ㅕ', 'ㅜ·ㅠ', 'ㅗ·ㅛ'도 마찬가지다.

정리하면, (ㅏ·ㅕ, 아·여)보다 (ㅏ·ㅑ, 아·야)가 같은 오행의 진행

또는 마무리된 모습으로 자연스럽고, (ㅜ·ㅛ, 우·요)보다는 (ㅜ·ㅠ, 우·유)가, (ㅓ·ㅑ, 어·야)보다는 (ㅓ·ㅕ, 어·여)가, (ㅗ·ㅠ, 오·유)보다는 (ㅗ·ㅛ, 오·요)가 자연스럽다.

또한, 글자의 모양으로 보았을 때, 처음 하나에서 다음으로 나아간다는 모습으로 (ㅏ·ㅕ)는 앞으로 나가기보다 되돌아오는 느낌이고, (ㅏ·ㅑ)가 나아간다고 보기에 자연스럽다. 다른 모음도 (ㅜ·ㅛ)보다는 (ㅜ·ㅠ)가, (ㅓ·ㅑ)보다는 (ㅓ·ㅕ)가, (ㅗ·ㅠ)보다는 (ㅗ·ㅛ)가 진행되는 모습이다.

훈민정음 반포 이후 국어학사에서 한글 연구로 중요한 평가를 받는 최세진(崔世珍, 1468~1542)의 『훈몽자회』는 한글 실용화와 옛말 연구의 귀중한 자료이다. 『훈몽자회』속에 「언문자모(諺文字母)」라는 제목으로 훈민정음의 자음과 모음에 관한 설명이 있는데, 이 책의 모음 순서도 'ㅏ·ㅑ·ㅓ·ㅕ·ㅗ·ㅛ·ㅜ·ㅠ……' 순이다. 당시에도 이 발음이 더 자연스러웠기 때문에 훈민정음의 순서를 두고 이와 같이 쓰게 된 것이 아닐까 한다. 또한 『훈몽자회』제작 전, 항간에서 발음의 편리로 이미 사용하고 있었기 때문이라는 생각도 든다.

이 순서는 현재까지 이어져 국어사전의 순서와 같으며, 근대 주역의 대가인 야산也山 이달(1889~1958) 선생[1]의 모음 오행 배속과도 같다. 아래

---

1)   야산(也山) 이달(李達, 1889~1958): 역학자, 사상가, 주역의 대가. 『대산주역』의 저자 김석진의 스승. 당시 통강通講(역경 전문 암기)을 한 제자가 108명이었다고 전해진다. 『서경』의 「홍

는 체와 용인 한글소리작명법의 모음 오행 비교를 표로 나타낸 것이다.

오행	목木		화火		토土		금金		수水	
천간	甲	乙	丙	丁	戊	己	庚	辛	壬	癸
지지	寅	卯	巳	午	辰戌	丑未	申	酉	亥	子
훈민정음	ㅏ	ㅕ	ㅜ	ㅛ	ㅣ	ㅡ	ㅓ	ㅑ	ㅗ	ㅠ
기존 자모음	ㅏ	ㅕ	ㅜ	ㅠ	ㅓ	ㅖ	ㅣ	ㅡ	ㅗ	ㅛ
한글소리작명	ㅏ	ㅑ	ㅜ	ㅠ	ㅣ		ㅓ	ㅕ	ㅗ	ㅛ
야산 이달	ㅏ	ㅑ	ㅜ	ㅠ	ㅣ	ㅡ	ㅓ	ㅕ	ㅗ	ㅛ

〈소리작명법의 자모음 분류표〉

다음은 추가 모음이다. 추가 모음은 기본자와 초출자, 재출자에 사람을 의미하는 양토 'ㅣ'(人)가 합하여 만들어졌다. 즉, 'ㅐ'는 'ㅏ'(갑목)에 'ㅣ'가 추가되었고, 'ㅔ'는 'ㅓ'(경금)에 'ㅣ'가, 'ㅖ'는 'ㅕ'(신금)에 'ㅣ'가, 'ㅒ'는 'ㅑ'(을목)에 'ㅣ'가, 'ㅚ'는 'ㅗ'(임수)에 'ㅣ'가 추가되었다. 'ㅣ'가 추가된 것은 같은 오행을 부여하는데 사람은 모든 오행을 포함하고 있기 때문이다. 즉, 'ㅏ+ㅣ'는 'ㅐ'로 목이고, 'ㅜ+ㅣ'는 'ㅟ'로 화이며 'ㅓ+ㅣ'는 'ㅔ'로 금, 'ㅗ+ㅣ'는 'ㅚ'로 수이다.

범구주」에 나오는 '홍洪'과 「주역」의 '역易' 자를 따서 홍역학회(현 동방문화 진흥회)를 창립하여 현재까지 이어 오고 있다. 당시 회원이 1만 2000명 이상이었으며, 아산亞山, 대산大山 등의 걸출한 제자와 그의 후손에 의해 우리나라 역학계의 최대 학맥을 이어 오고 있다.

이중모음은 수생목으로 상생을 의미하는 ㅗ(임수)와 ㅏ(갑목)의 'ㅘ'와, 화극금으로 상극을 의미하는 ㅜ(병화)와 ㅓ(경금)의 'ㅝ'의 초출자끼리의 조합이 있다. 초출자만으로 만들어진 이 조합은 생극의 근본이므로 오행을 적용할 때 함부로 묶거나 빼서는 안 될 것이다. 이외 'ㅙ'는 'ㅗ'와 'ㅐ'이니 '수목'이고, 'ㅞ'는 'ㅜ'와 'ㅔ'니 화금이다. 다만, 한국인의 이름에 'ㅙ', 'ㅞ'는 거의 쓰이지 않는다.

정리하면 모음의 기본자에서 초출자와 재출자가 나오며 다시 추가 모음이 나온다. 무씨와 배추씨를 파종했을 때 처음 나오는 떡잎(초출자)만 보았을 때는 무인지 배추인지 구별하기 어렵다. 그러므로 초출자는 체로서 그대로 보존해야 한다. 하지만 떡잎이 나와서 본연의 모습을 드러낸 본잎(재출자)이 되면 다르다. 이때는 용에 맞추어 활용한다. 오행에는 생극이라는 핵심 원리가 있고 체용이 같은 초출자도 생극 원리로 이루어져 있다.

즉, 초출자는 'ㅗ · ㅏ · ㅜ · ㅓ'로, 'ㅗ(水)와 ㅏ(木)'가 만나서 수생목水生木하여 만물을 성장시키고, 'ㅜ(火)와 ㅓ(金)'가 만나 화극금火克金하여 결실을 맺는 금화교역金火交易을 이룬다.

그러므로 초출자의 모음 오행은 함부로 묶어서도, 펼쳐서도 안 된다. 애초에 모음의 근본인 기본자(· ㅣ ㅡ)의 오행 배속을 잘못한 것이 가장 큰 문제지만 모음의 핵심인 초출자(ㅗ · ㅏ · ㅜ · ㅓ)를 함부로 묶은 잘못도 그에 비해 작지 않다. 근본이 틀어진 상태로 목화토금수 오행이 무슨 의미가 있으며 무슨 근거로 감명과 작명을 한단 말인가! 장님이 코끼리 다리 하나만 주무르는 것과 무엇이 다른가? 해 보니 맞다는 뜬구름 잡는 소리 말고 어떤 말을 할 수 있는가? 어떤 사안에 대해 '왜?'라는 물음에 최소한의 답은 할 수 있어야 한다.

이상이 『훈민정음』의 모음 오행을 체體로 하여 새로운 모음 오행의 용用을 제시하는 근거이다. 아래는 소리식 작명법의 시작이 '자음식' 작명법이므로 이를 간략히 살펴보고 한글소리작명법에 대한 자세한 설명을 한다.

① 자음식 작명법

'자음식' 작명법은 '파동성명학'이라는 명칭과 '○○ 함부로 이름을 짓는가'라는 상호로 1970년경에 생긴 것으로 태어난 해의 간지를 기준으로 이름을 파자하여 자음에만 십성을 배속하는데 글자의 획수에 의해 음과 양을 구분하여 길흉화복을 알아내는 것이다. 당시 기존 작명계에 큰 반향을 일으켰으나 창안한 회사에서 저작권 및 다수의 상표권을 등록해 타인들의 사용을 금지하여 음지에서 늘어나던 중, 2013년경 파동 관련 모 작명가와 오랜 소송에서 패소 후 현재는 다양한 학파로 형성되어 있다. 이 작명법은 한글의 모음은 획수 산정으로만 활용하고 자음에만 오행을 부여한 후 획수의 홀과 짝에 따라 음양을 배속하는데 이름을 한 글자씩 각각의 획수를 모두 합하여 홀수면 '양'으로 짝수면 '음'으로 정한다.

즉, 1·3·5·7·9획은 양陽, 2·4·6·8·10획은 음陰이다. 10획이 넘으면 앞 십의 자리는 무시하고 일의 자리만 사용한다. 이름자의 오행은 정해지나 '음양'은 가변적이다. 획수 계산은 뒤 〈자음식 자모음 획수〉표를 참고하는데 한글학회와 자음식 작명법의 획수 배정은 다르다. 쌍자음은 원 자음의 획수를 두 번 계산한다. 작명에 활용하는 목木에 배속된 자음은 'ㄱ·ㅋ·ㄲ', 화火는 'ㄴ·ㄷ·ㄹ·ㅌ·ㄸ', 토土는 'ㅇ·ㅎ', 금金은 'ㅅ·ㅈ·ㅊ·ㅆ·ㅉ', 수水는 'ㅁ·ㅂ·ㅍ·ㅃ'이다. 모음은 오행을 배속하지 않고 획수 산정으로만 활용하여 음양 구분만 한다.

오행	목	화	토	금	수
자음	ㄱ	ㄴ·ㄷ	ㅇ·ㅎ	ㅅ·ㅈ	ㅁ·ㅂ
	ㅋ·ㄲ	ㄹ·ㅌ·ㄸ		ㅆ·ㅊ·ㅉ	ㅍ·ㅃ

〈자음식 오행 배속〉

획수	자음	획수	모음	비고
1획	ㄱ·ㄴ·ㅇ	1획	ㅣ·ㅡ	한글학회는
2획	ㄷ·ㅅ·ㅋ	2획	ㅏ·ㅓ·ㅗ·ㅜ	'ㅈ'은 2획, 'ㅊ'은 3획
3획	ㄹ·ㅁ·ㅈ·ㅌ·ㅎ	3획	ㅑ·ㅕ·ㅛ·ㅠ·ㅟ·ㅚ	쌍자음은
4획	ㅂ·ㅊ·ㅍ	4획	ㅘ·ㅝ·ㅔ·ㅐ	원 자음의 2배

〈자음식 자모음 획수〉

고유수 도출 방식은 명리의 십성 도출법과 같으며 소리를 이용하는 모든 작명법에 공통으로 활용하고 있다. 다만, 명리는 일간을 기준으로 하고, 작명법은 각각의 이름자이다. 자음별 획수는 앞의 〈자음식 자모음 획수〉 표와 같으며 오행 분류에 따라 고정수 도출법을 정리하면 아래와 같다.

이름과 같은 오행으로 음양이 같으면 1 (비견)이다.
이름과 같은 오행으로 음양이 다르면 2 (겁재)이다.
이름이 생하며 음양이 같은 것은 3 (식신)이다.
이름이 생하며 음양이 다른 것은 4 (상관)이다.
이름이 극하며 음양이 같은 것은 5 (편재)이다.
이름이 극하며 음양이 다른 것은 6 (정재)이다.
이름을 극하며 음양이 같은 것은 7 (편관)이다.
이름을 극하며 음양이 다른 것이 8 (정관)이다.
이름을 생하며 음양이 같은 것은 9 (편인)이다.
이름을 생하며 음양이 다른 것을 0 (정인)이다.

앞의 도출법을 바탕으로 2022년 임인생 남자 '임기준'의 고정수를 도출하면 다음과 같다.
'임'은 총 5획으로 양이니 'ㅇ'은 '무토', 'ㅁ'은 '임수'이다. '임'의 'ㅇ'은 토극수로 5 편재이고, 'ㅣ'는 모음이니 도출하지 않는다. 'ㅁ'은 같은 오행으로 음양이 같으니 1 비견으로 '임'은 '51'이다. '기'는 총 2획이니 음이며 'ㄱ'은 수생목이니 '정인' 0이다. '준'은 총 6획으로 'ㅈ'은 금생수로 상관 4가 되며, 'ㅜ'는 도출하지 않는다. 'ㄴ'은 수극화로 8 정관이다. 이렇게 도출한 천간수는 '51 0× 48'이다.

지지도 천간과 같은 방법으로 임인년의 지지인 '인목' 기준이다. '임'의 'ㅇ'은 목극토이니 편관 7이고, 'ㅁ'은 수생목으로 식신 3이다. '기'의 'ㄱ'은 같은 오행으로 음양이 달라 겁재 2가 된다. 'ㅣ'는 도출하지 않는다. '준'은 음으로 'ㅈ'은 금극목이라 정재 6이다. 'ㅜ'는 도출하지 않는다. 'ㄴ'은 수생목으로 정인 0이다. 지지수는 73 2× 60이다. 2022년생 임기준의 간지의 최종 고유수는 아래와 같다.

51 0× 48

73 2× 60

앞처럼 도출한 고유수를 생극제화로 길흉을 해석한다. '자음식'은 흉凶 중의 길吉, 길 중의 흉은 몇 가지 경우를 제외하고는 인정하지 않는다. 즉, 없거나 극克이 되는 고유수의 배합은 좋지 않게 해석하고 극 없이 오행이 모두 갖추어져 있으며 상생이면 길하게 해석한다. 뒷장의 상생상극도를 참조하여 2022년 임인생 '임기준'의 이름을 해석하면 5·1, 0·4, 4·8, 7·3, 2·6, 6·0으로 비견 1이 편재 5를 극하여 아버지, 재물, 부인

문제와, 0·4는 극이지만 남자라서 무난하게 본다. 4 상관이 8 정관을 만나 직업, 명예, 자녀의 문제와 7이 3을 만나 4·8과 같은 흉함, 2·6으로 5·1과 같은 흉함, 6·0은 모친, 학문, 건강의 문제다. 육친적으로 아버지, 자녀, 부인의 문제고, 십성적으로는 재물, 명예, 직업의 문제다. 자음식은 참고용이므로 간략히 짚어만 보았다.

3

고유수 도출법과 특징

　고유수(십성) 도출 방식은 앞의 자음식 도출법과 같이 명리의 십성 도출법을 활용하지만 도출 기준은 다르다. 명리는 일간을 기준으로 연, 월의 간지와 일의 지지, 시간의 간지를 생극 관계로 십성을 도출하고, 소리작명법은 연도의 간지와 이름 자모음의 생극 관계로 고유수를 도출한다. 물론 상황에 따라 월, 일, 시를 비롯하여 대운을 참고하기도 한다. 즉, 십성 도출 기준이 명리는 일간이고, 작명법은 이름이다. 한편, 현재 명리의 십성 도출은 자평명리를 기점으로 연주(고법)가 아니라 일주(신법)다.

　그렇다면, 작명법이 명리의 십성 이론을 기반으로 하면서 정작 고유수 도출 방식은 왜 명리와 다른가에 대한 의문이 생긴다. 이유는 다음과 같다. 사주와 이름의 관계를 '음양陰陽', '동정動靜', '내외內外'와 연계할 때,

드러나지 않는 사주는 '정', '음', '내'이고, 불리면서 드러나는 이름은 '동', '양', '외'라고 할 수 있다.

연주는 외면의 '양', 일주는 내면의 '음'으로 나눌 수 있는데 연주(나이)는 타자에게 쉽게 드러나는 외면의 모습이니 '양'으로, 일(생일)은 쉽게 드러나지 않는 내면의 성격이니 '음'으로 구분이 가능하다.

정리하면, 사주는 '음'이고 이름은 '양'이다. 연도는 쉽게 드러나니 '양'이며 '외'이고, 일주는 잘 드러나지 않으니 '음'이며 '내'이다. 이름은 자꾸 불리니 '동'이고, 사주는 '정'이다. 이름은 '양'이므로 연도를 기준으로 한다. 이와 같이 '음양', '동정', '내외'를 구분한 방식을 활용한다.

작명법에서 도출한 10개의 십성을 비견 1, 겁재 2, 식신 3, 상관 4, 편재 5, 정재 6, 편관 7, 정관 8, 편인 9, 정인을 0이라 한다. 이는 단지 사용의 편리를 위한 목적일 뿐이지 오행의 '생수'와 '성수'의 '음양'을 의미하는 3·8목, 2·7화, 5·10토, 4·9금, 1·6수의 숫자와는 아무 관련이 없다. 단지, 다음과 같이 활용할 뿐이다. 인성(9·0)의 지식과 경험을 자격이나 면허로 장착한 비겁(1·2)은 나만의 지혜와 재능을 식상(3·4)으로 펼친다. 식상(3·4)으로 드러낸 다양한 방식들은 재성(5·6)이라는 결과를 만든다. 이렇게 이루어 낸 재성의 결과는 세상으로부터 관성(7·8)의 평가를 받는다. 관성으로 받은 평가는 인성(9·0)으로 축적되어 나만의 자격증이나 공부가 되어 비겁(1·2)으로 순환된다.

이때, 고유수가 치우치거나, 지나친 생극 등으로 문제가 발생하는 것에 따라 길흉을 판단한다. 작명법에서 고유수는 십성을 사용하기 편리하도록 간단한 숫자로 나타내어 활용할 뿐이다.

고유수 특징은 뒷장에서 상세하게 설명을 할 것이다. 바른네임에서 활용하는 자음의 오행 분류는 '자음식'과 같으나 자음식은 획수에 따라 음양이 바뀌지만 작명법에서는 획수와 관계없이 정해진다. 자음의 기본자는 'ㄱ·ㄴ·ㅇ·ㅅ·ㅁ' 5개고 모음의 기본자는 '·ㅡ ㅣ'로 3개이다. 자음의 기본자 5개는 양에 배속하고 나머지 가획자와 이체자는 모두 음에 배속한다. 자음과 모음의 음양오행 분류는 다음 표를 참조한다.

오행	오행		자음	모음	이중 모음	추가 모음
木	甲	+	ㄱ	ㅏ	ㅐ	ㅟ: 화금 ㅘ: 수목 ㅙ: 수목 ㅞ: 화목
	乙	−	ㅋ·ㄲ	ㅑ	ㅒ	
火	丙	+	ㄴ	ㅜ	ㅝ	
	丁	−	ㄷㄹㅌㄸ	ㅠ		ㅙ·ㅞ는 한국인 명에 거의 쓰지 않는다.
土	戊	+	ㅇ	ㅣ		
	己	−	ㅎ	ㅡ	ㅢ	* 자음 기본자 (ㄱ·ㄴ·ㅇ·ㅅ·ㅁ)
金	庚	+	ㅅ	ㅓ	ㅔ	
	辛	−	ㅈㅊㅆㅉ	ㅕ	ㅖ	* 모음 기본자 천인지 (· ㅣ ㅡ)
水	壬	+	ㅁ	ㅗ	ㅚ	
	癸	−	ㅂㅍㅃ	ㅛ		

〈한글소리작명법의 자음, 모음의 오행 분류표〉

이 분류에 따라 연도별로 고정수를 도출하여 표로 정리하면 다음과 같다.

오행	음양	자음	모음	이중	4 甲	5 乙	6 丙	7 丁	8 戊	9 己	0 庚	1 辛	2 壬	3 癸
木	+甲	ㄱ	ㅏ	ㅐ	1	2	3	4	5	6	7	8	9	0
	-乙	ㅋㄲ	ㅑ	ㅒ	2	1	4	3	6	5	8	7	0	9
火	+丙	ㄴ	ㅜ	ㅟ	9	0	1	2	3	4	5	6	7	8
	-丁	ㄷㄹㄸ	ㅠ		0	9	2	1	4	3	6	5	8	7
土	+戊	ㅇ	ㅣ		7	8	9	0	1	2	3	4	5	6
	-己	ㅎ	ㅡ	ㅢ	8	7	0	9	2	1	4	3	6	5
金	+庚	ㅅ	ㅓ	ㅔ	5	6	7	8	9	0	1	2	3	4
	-辛	ㅈㅊㅆㅉ	ㅕ	ㅖ	6	5	8	7	0	9	2	1	4	3
水	+壬	ㅁ	ㅗ	ㅚ	3	4	5	6	7	8	9	0	1	2
	-癸	ㅂㅍㅃ	ㅛ		4	3	6	5	8	7	0	9	2	1
地支					寅	卯	巳	午	辰戌	丑未	申	酉	亥	子
이중 모음	ㅘ(生)	수목		ㅙ: 수목, ㅞ: 화금										
	ㅝ(克)	화금												

〈바른네임 고유수 도출표〉

고유수 도출 방법을 설명하면 다음과 같다. 1989년 기사己巳생 홍길동의 천간은 기토己土로 음토陰土이므로 '홍'의 'ㅎ'은 己土, 'ㅗ'는 壬水, 'ㅇ'은 戊土를 기준하여 도출한다.

예) 'ㅎ'은 연도의 천간과 같은 오행으로 음양이 같으니 1, 'ㅗ'는 壬水

로, 연도의 극을 받으면서 음양이 다르니 8, 'ㅇ'는 戊土로, 연도와 오행은 같으나 음양이 다르니 2이다.

고유수 도출이 어렵다면 앞 표를 참고하여 1989년생이면 우측 끝에서 5번째 9己의 자리를 기준으로 이름의 자음과 모음이 만나는 곳(홍일 경우 ㅎ·ㅗ·ㅇ)을 찾으면 된다. 1989년 기사생己巳生 홍길동 고유수는 아래와 같다.

예) 'ㅎ'은 9己와 'ㅎ'이 만나는 숫자인 1, 'ㅗ'는 9己와 'ㅗ'가 만나는 숫자인 8, 'ㅇ'은 9己와 'ㅇ'이 만나는 숫자인 2이다.

(1989년 홍길동의 고정수)
182 623 382
059 392 259

세운수 도출도 고유수 도출법과 같다. 위의 표에서 보고자 하는 해의 연도 끝자리를 찾아서 해당하는 고유수를 찾으면 된다. 1989년생 홍길동의 2019년 세운수를 도출하는 방법은 2019년의 앞의 201은 빼고 마지막 연도의 9를 기준으로 한다. 간지의 자음과 모음 고유수를 모두 도출하여 십신의 생극제화로 해석한다. 2019년 홍길동의 세운수는 아래와 같은데 중심수 6과 중심 세운수 6으로 한 해의 운을 보는 것이다. 같은 수로 복음이다. 세운수는 뒷장에 상세히 설명한다.

182 623 382   (2019년 세운수)
615 958 815

(1) 고유수 특징

바른네임은 甲·乙·丙·丁·戊·己·庚·辛·壬·癸의 천간과 이름의
관계로 도출한 십성과 子·丑·寅·卯·辰·巳·午·未·申·酉·戌·亥
의 지지와 이름의 관계를 도출한 십성을 생극제화의 원리를 활용하여
이름의 길흉화복을 유추한다. 이때, 천간 10개의 기운과 지지 12개의 기
운은 매년의 순환에 따라 달라지므로 60갑자 모두 다르게 해석한다.

사주의 8글자를 몰라도 사주를 보는 정도의 상담이 가능한 것이 한자
식과 차별되는 한글소리작명법의 장점이다. 소리작명법은 명리의 십성
이론을 활용하는데 '자음식'은 제화보다 생극 위주이고, '자모음식'은 조
금 진보하였으나 이론적인 면에서 크게 다르지 않다. 따라서 사회가 복
잡해진 현대는 작명법 이론도 다양성이 필요하다.

'재성은 비겁을 만나면 극을 당하니 나쁘다'고 길흉을 이분법으로만 나
누는 단편적인 해석을 복잡한 현대인의 삶에 대입하는 것은 지양해야
한다. 같은 재성도 간지에 따라 다르게 해석해야 하며 '목극토'의 재성과

'화극금'의 재성도 차이를 두어야 한다. 십성 이론을 모태로 활용한 소리 작명도 일괄적 적용이 아니라 글자마다 달리 적용해야 한다. 이를 자각한 바른네임에서는 같은 십성이라도 간지에 따라 다르게 본다. 명리 이론에서 취할 것은 취하고 버릴 것은 버린 후 합리적인 이론만 접목하여 완성하였다. 작명가로서 가장 바람직한 자세는 올곧은 마음과 정성에 논리적인 작명법이다.

	인성	비겁	식상	재성	관성
	사고	존재	표출	소유·계산	명예 의무
사회	계획력	조직력	표현력	실천력	수행력
재물	설계 능력 장기 계획	소비·투자 재물·활동	재테크	보관 능력	관리력
정신	보수적 인내력	적극적 지배력	혁신적 비판력	능동적 집착력	절제력 통제력
대외	은덕 명예 자격	경쟁	재능	재물	권위 정체성
진행	준비	시작	방법 과정	결과 목적	평가

〈십성의 능력별 특징〉

	천간	지지	대화법	건강
비견	함께	방어	주고받으며	과로
겁재	활용	상징	영혼 없이	스트레스(노이로제)
식신	도전	유지	본인 말만	비만(정기검진)
상관	대항	불평	생각 없이	사고
편재	추월	충성	듣기 좋은	신경통
정재	능동	수동	자기를 위해	시력 · 간(병간호)
편관	정립	고집	상처 되는	상해사고 피로(질병)
정관	쟁취	고집	입바른	사고 재해(무난)
편인	해결	걱정	추측성	심장 · 우울증(중독)
정인	소음	고요	뻔뻔한	위장 장애 · 호흡기(회복)

〈십성의 기본 특징〉

십성별 장점으로 비견의 독창성과 협동성, 겁재의 적극적인 도전 의식, 식신의 꾸준한 연구력과 미래지향적인 사고, 상관의 예술성과 독창적인 표현력, 편재의 거시적인 가치판단력과 기회 포착력, 정재의 논리성과 정밀한 계산력, 편관의 과감하고 신속한 결정력, 정관의 도덕적인 규범력, 편인의 직관적인 순발력과 이면을 꿰뚫는 예리함, 정인의 순수한 수용력과 전통을 소중히 여기는 마음 등이 있다.

비겁으로 재극인을 조율하면서 경쟁하다 보니 나는 전문가가 되었고, 식상으로 재능을 보여 주고 베푸니 나만의 특화된 기술이 생겨서 관으로부터 인정받으며 자신을 보호한다. 재성은 내 것을 남의 것과 교환하며 사고팔다 보니 시세차익이 생겼으며, 적당한 선에서 재극인하여 나의 재능을 지킨다. 관성의 통제와 지시를 잘 따르고 보니 권력이 생겼고, 그 권력으로 비겁을 조절해서 재물의 손실을 막으며, 인성으로 참고 견디며 공부하다 보니 자격을 갖춘 나만의 면허증으로 식상으로부터 관을 보호하였다. 십성은 이렇게 순환된다.

비판적 사고를 가진 편인과 상관은 창의력이 뛰어나며 인문학과 자연과학을 연결하는 능력이 탁월하다. 식신, 정재, 정관, 정인(3·6·8·0)이 차례로 발달하면 과정을 이해하며 새로운 것을 도출하는 능력이 좋다. 십성으로 비겁, 오행으로는 목화가 조화로우면 건전한 경쟁의식과 실천력이 강하다.

목木을 비롯한 식상과 편인이 조화로우면 건전한 호기심으로 새로운 것을 창조한다. 식상의 예리함과 관인상생을 갖춘 이름은 상품화에 강하다. 인성이 비겁과 만나 식상으로 연결되면(0·1·3, 9·1·3, 0·2·3, 9·2·3 등), 뛰어난 몰입력으로 큰 성공을 이룰 수 있다. 음양의 균형, 목 오행의 발달, 식상생재, 관인상생이 되면 상황에 대한 회복력이 좋으며 이름이 상생되면 타인과의 소통력이 좋다 7·9·1, 7·9·2가 잘 구성되면 인내심이 강하고, 0·1·3은 늘 공부하려고 한다.

① 비견

서로 수평적으로 주고받는 동등한 관계로 가족 같은 개념이라 대인관계를 중시한다. 갑목 성향이 있으며 3·4를 생하고 9·0을 설기하며 7·8의 극을 당한다. 나와 음양이 같으니 가장 가까운 동료로 친구처럼 통하며 내 편이 있다. 비견이 있으면 좋은 일이든 나쁜 일이든 함께하니 경쟁도 된다. 주체성, 독창성, 활동성이며 계획과 시작은 잘하나 마무리가 약하다. 날렵히며 전투적이고 권력 목적과 주관이 뚜렷하며 농료애와 협동심이 있다. 독선적이고 자존심이 강하며 이기적이다. 지배하려는 기질이 강하여 타협 않으려 하고 형제자매와 잘 지내지 못한다. 영웅심이 강하며 가정보다 직장과 사회생활을 중시하면서도 상사와 충돌이 많으며 부모덕이 부족하다. 재물 복이 없으나 없어도 내색하지 않는다. 자기 세력을 나타내므로 모든 생각과 생활이 자신 중심으로 움직인다. 비견이 세금이라면 겁재는 벌금이다.

1. 자기중심적, 의타적이나 책임이 주어지면 잘 처리한다.
2. 고집불통, 화합력의 부족으로 고독하며 과단 독행한다.
3. 현실적이나 성실성이 부족해 고난이 많다.
4. 독립, 이별, 분리로 형제, 친구 관계가 좋지 않다.
5. 관습을 선호하는 사회 참여형으로 정직하다.
6. 고난기가 오면 용감하게 일을 해결하려고 한다.
7. 남자는 처와 재물의 인연이 약하다.

② 겁재

을목 성향으로 3 · 4를 생하며, 9 · 0을 설기하고 7 · 8에 극을 당한다. 의협심이 있어 불의에 저항한다. 주관이 뚜렷하며 어떤 직종이라도 잘 적응한다. 자존심과 고집이 세어 남의 지시를 싫어한다. 비견이 동료에 가깝다면 겁재는 내 것을 나누어야 되는 존재로 경쟁자다. 대답은 해 놓고 자기 고집대로 처리한다. 가정에는 무관심하여 부부간에 불화가 생기기 쉽다. 외유내강하며 자신의 방식을 고수하려 한다. 금전을 취급하는 부서는 맞지 않으며 외교적인 부서나 기획에 재능 있으며, 사교적 수완이 뛰어나다. 재물 복이 없는 편이며 없어도 없는 척 않는다. 의협심으로 불의에 저항하며 경쟁심이 강하다. 주관이 뚜렷하고 자존심과 고집이 세어 남의 지시를 싫어하지만, 어떤 직종도 잘 적응한다. 강제적인 분배로 경쟁적이며 투기심과 요행심이 있다. 비견보다 경쟁심이 강하지만 이성적인 상황판단으로 타협을 잘하기 때문에 고집은 비견에 비해 덜하다. 5 · 6이 많을 때 상황 판단을 정확히 하는 역할을 한다. 자기 애착이 강한데 비해 타인에 대한 배려는 부족하다. 중심수의 겁재는 소비 성향이 강하므로 자기관리가 필요하다. 내가 남에게 뺏기니 나도 빼앗아 보겠다는 심리가 생기므로 자제가 필요하다.

1. 혁신적, 반항적 기질로 잘 다투며 질투심이 많다.
2. 야망이 커 투기를 즐기며 일 처리에 적극적이다.

3. 많으면 가정과 주변에 불화를 일으킨다.

4. 자만이 지나쳐 실수가 잦고, 오해를 받는다.

5. 인성(9·0)까지 많으면 겁재 성향은 더 강해진다.

6. 관성(7·8)이 있으면 흉함이 순화되어 고상해진다.

7. 잘못을 쉽게 수긍 않고 끝까지 타당성을 제시한다.

8. 다수의 행복 추구로 가까운 사람과는 마찰이 있다.

9. 배우자가 변하는 경우가 많고 공동 사업은 맞지 않다.

③ 식신

병화 성향으로 5·6을 생하며, 1·3를 설기하고 9·0의 극을 받는다. 베푸는 것을 좋아한다. 의심이 많고 완벽주의라서 확신 없이 행동하지 않는다. 예민하고 열정적, 정의롭고 철학적, 종교적, 예술적이다. 도량이 크고 명랑한 성격으로 활동적이라 대인관계가 원만하다. 언변이 좋으며 말이 많은 편이다. 게으르며 독립심이 부족하여 의존 심리가 있고 풍류를 알며 호색하다. 시간관념이 좋지 않아 믿음 없어 보일 수 있다. 3 식신이 많으면 4 상관의 성향이 발현되는데 남을 도와야 되는 상황이 생기기 쉽다. 그 상황을 외면할 수 없는 상관은 바쁜 삶을 산다. 예민하며 완벽하지 않으면 스트레스를 받기 때문에 자기 마음에 들 때까지 수도 없이 고치고 수정한다. 사람 사귐을 두려워하지만 마음을 열면 잘 지낸다. 새로운 진로 추구, 사교성, 유흥, 낙천적, 유유자적하다. 계산 없이 남을 도우며 생색내지 않으나 좋고 싫음의 분별이 심해 감정적인 일 처리를 하기도 한다. 표현력은 좋으나 남의 눈을 지나치게 의식한다. 주체적이되 경솔하지 않고 믿음직하다. 7·8과 9·0이 있으면 조직과 관련된 직업이 좋고, 5·6이 있으면 제조, 사업, 장사 쪽 직업이 좋다.

1. 의식주가 풍부하며 확신이 있어야 움직인다.
2. 열정적이며 모든 에너지를 분출하는 편이다.
3. 소득과 복록, 자산 등의 윤택을 의미하며 완벽주의.
4. 원칙 없이 위기를 반전의 기회로 삼는 능력이 있다.
5. 신경과민 성향이 많아 적극적인 사업에는 역부족이다.
6. 음주 가무를 즐기고 색정에 쉽게 빠지는 결점이 있다.
7. 많으면 우유부단해 큰일을 하기 어렵고 호색한다.
8. 경험과 반복을 통해 시행착오를 최소화하려 한다.
9. 스스로 스트레스를 받는다. 염세적, 심적인 강박관념.
10. 자신의 단점을 지적하면 공격적인 성향이 나온다.

④ 상관

정화 성향으로 5·6을 생하며 1·2를 설기시키고 9·0에 극을 당한다. 영리하며 창의적이고 재주가 많으나 건방진 면도 있다. 남 비판은 잘하나 본인이 비판받으면 자신을 공격한다고 생각하여 발끈한다. 연구개발

쪽의 재주가 좋고 문학과 예술, 기술력과 사교성이 뛰어나다. 말을 조리 있게 하나 자꾸 바뀌므로 실언이 많으며 비판과 반론 제기를 잘하므로 시비 구설과 소송이 많다. 강한 호기심으로 오해를 사게 되어 인간관계가 악화되기도 한다. 자신의 재능이나 감정을 적극적으로 표현하므로 언변이 논리적이지만 성급하고 도전적이라 주변과의 마찰이 생길 수 있다.

3·4가 많으면 신체가 약하거나 완벽성과 예민함으로 스트레스를 많이 받는다. 속박과 규칙을 싫어하고 철학과 종교에 관심이 많으며 침묵과 공상을 즐기고 우유부단한 편이다. 따뜻하지만 표현을 하지 않아 차갑고 속을 알 수 없는 사람으로 보이기도 한다. 4가 이름 중심에 있으면 다른 수에 비해 흉한 일이 많다. 기존 체제보다 미래를 중시한다.

가질 수 없는 명예에 집착하며 타인이 자기를 어떻게 생각하는지 관심이 많다. 과장하는 습관과 베풀면서 은근히 자랑하고 남들이 자신을 치켜세워 주기를 바라지만 겉으로는 내색하지 않는다. 윗사람에게는 당당히 대항하고 아랫사람에게는 본인이 감당하기 어려운 일까지 도맡으려 한다. 머리 회전이 빠르고 창의적이라 재주는 많으나 조절력을 잃기 쉬워 건방진 면이 있다. 연구개발, 문학과 예술, 기술력과 사교성이 뛰어나다. 타인의 감정을 대변하여 자기가 총대 메고 남을 도와야 되는 경우가 많은데 외면할 수 없어 바쁘게 산다. 천간에 없고 지지에만 있으면 불합리함을 느껴도 속으로만 불평하고 심하면 자책해 미안해하기도 한다.

1. 교만하기 쉬우며 사람을 얕보는 경향이 있다.

2. 정이 많고 예술적인 소질과 사소한 일에 호기심 발동.

3. 호기심이 오해와 비방, 방해, 소송 등을 야기한다.

4. 많으면 자식에 흉, 배려가 부족하고 모욕을 참지 못함.

5. 3·4가 많은데 5·6이 없으면 재능 있어도 불리함.

6. 많으면 심성이 거만하고 음흉하여 지탄받는다.

7. 과하면 결혼에 장애가 많고 부부해로 어렵다.

8. 창의력이 뛰어나 어떤 곳이든 두각을 나타낸다.

9. 자신이 일반인과 전혀 다른 미지의 세계이길 원한다.

10. 천재와 둔재가 동시에 존재하고 지나치게 총명하다.

⑤ 편재

무토 성향으로 7·8을 생하며, 3·4를 설기시키고 1·2에 극 당한다. 7·8이 필요하다. 통 크고 의리 있으며 사교성이 좋다. 듣기 좋은 말을 잘하므로 협상에 능하며 상황 대처가 빠르다. 투기와 풍류를 좋아하며 주색을 즐긴다. 낭비벽이 있으며 돈을 벌기 위해서는 편법적인 수단도 쓴다. 성급하고 즉흥적이며 쉽게 적응하고 여행을 좋아하며 여유롭다.

어질며 베풀기를 좋아하고 이성에게 친절하다. 재물 복이 있어 보이지만 단순히 금전 출입의 빈번함일 수 있고 잘 벌고 잘 쓴다. 재물과 배우자 복이 많으나 그로 인한 애로도 있다. 거시적인 시각으로 공간과 전체를 볼 줄 알며 즉흥적이고 주도적이다.

활동력이 왕성하고 분주한 생활을 하며 결혼 후 가문이 번창하는 경우가 많다. 결혼은 늦을수록 좋으며 고향 떠나면 성공 확률이 높아진다. 사업과 인연이 많고 금전 취급하는 직장이 좋으며 일찍 가족으로부터 독립하는 사람이 많다. 비견이 통제하지만 집착하지 않는다. 천간에만 있으면 먹고 놀며 대접받으며 쉽게 살 궁리를 한다. 아는 것이 많지만 자세히 아는 것은 드물어서 누군가 깊이 물으면 대답을 못 한다. 스케일은 크지만 허세인 경우가 많아 양보다 질을 채우는 데 집중해야 한다. 귀가 얇아서 타인을 쉽게 믿어 사기를 잘 당하는 단점이 있다.

1. 개성을 드러내기 좋아하며 편굴한 면이 있다.
2. 독창적인 것을 좋아하며 재복이 많으나 파재도 빠르다.
3. 적응력이 좋아 변덕스럽다는 평을 받기도 한다.
4. 자란 환경의 변화가 많을수록 많은 도움을 받는다.
5. 활동 영역이 넓어질수록 성공 영역도 비례하여 커진다.
6. 융통성이 좋아 진취적이고, 낭만적이며 의로운 편이다.
7. 재복과 여복이 많지만 이로 인한 재화도 있다.
8. 과하면 욕심 많고 정도 많으며 주색을 좋아한다.
9. 타향이나 외국에서 성공 가능성 높다.
10. 기지와 식견이 뛰어나 잘 적응하며 무역에 뛰어나다.

⑥ 정재

기토 성향으로 6은 7·8을 생하며, 3·4를 설기시키고 1·2의 극을 당한다. 타산적이지만 정직하고 책임 강한 성실한 노력형이다. 자상하고 꼼꼼하며 실용주의로 손해 보는 말은 잘 하지 않으며 허례허식을 싫어한다. 규칙적인 생활을 하며 근면 검소하고 재테크에 능하나 소심하고 인색하며 이기적인 면도 많다. 쓸데없는 지출은 하지 않으나 필요할 때는 아끼지 않는다. 자산이 풍부하고 번영하며 신뢰를 받는다.

타협에 약해 고집을 내세우며 주위와 불화를 초래하지만 빈틈없는 일 처리로 신임을 얻는다. 횡재나 일확천금보다 안정적인 재물 형성을 선호한다. 도박이나 외도外道를 한다면 큰 불행을 초래한다. 사물에 대한 집착과 현실적인 실용성이라 이기적인 면이 강하다. 천간의 정재는 사소한 것까지 지적하여 귀찮지만 상대를 위하는 마음이다. 지지의 정재는 필요할 때 도움 주고 이해해 주는 것이다.

1. 명예, 자산, 신용, 신중한 현실주의며 보수 성향이다.
2. 신용과 믿음, 정의, 공론을 존중하고 정직하다.
3. 믿음 있으며 시간이 지날수록 그 진가가 나타난다.
4. 의협심 강하고, 매사 공정하며 누구와도 잘 맞는다.
6. 많으면 남자는 호색으로 인한 파재를 조심해야 한다.
7. 과하면 가계 계승이 어렵고, 정이 많아 공처가가 많다.

8. 여성이 많으면 음란하고 가난하며 시집살이한다.

9. 많이 배워도 쓰기 어려우나 재물로는 성공적인 삶이다.

10. 어떤 대상물과 연관시켜 현금화하는 일에 뛰어나다.

⑦ 편관

경금 성향으로 9·0을 생하며, 5·6을 설기시키고 3·4로부터 극을 당한다. 강제적 관리, 권위 있는 엄숙, 과묵한 의협심, 봉사의 희생심이 있다. 통솔력 있고 조직 관리를 잘하며 상황 판단이 빠르다. 거리낌 없이 행동하며 무모한 허세도 부린다. 군림하고 억압하려는 면으로 관재구설이 많다.

싸움과 논쟁을 좋아하고 조급하여 끝장을 보려 한다. 내가 지켜야 하는 법규며 주장해야 받을 수 있는 대우다. 통제가 강한 억압 심리로 본인을 노출하지 않으려 한다. 쓸데없는 호승심과 영웅심으로 세상이 편하다면 자신은 힘들어도 괜찮다고 생각한다. 천간의 편관은 불특정 다수를 향한 의협심으로 타인이 부탁하지 않아도 알아서 해 주니 본인에게 불리한 곳에도 불려 다닌다.

1. 성급, 투쟁, 흉폭 의미. 공격적인 지배욕이 강하다.

2. 용맹, 대의로 희생하며, 용감하여 역량을 발휘한다.

3. 많으면 가난과 질병으로 고생하기 쉽다.

4. 많으면 애로가 많으나 3·4가 있으면 좋아진다.

5. 권력을 믿고 행패 부려 비난을 사며 무례한 행동한다.

6. 많으면 잔꾀가 많고 파괴하려는 심리가 있다.

7. 사회와 가정에서 성공의 균형을 이루기 어렵다.

8. 하나가 만족되면 다른 하나로 고생하는 경우가 많다.

9. 7·8 많은데 3·4가 없으면 부모덕이 약하다.

⑧ 정관

신금 성향으로 9·0을 생하며, 5·6을 설기시키고, 3·4에 극 당한다. 품행이 단정하고 도덕을 준수하며 마음이 넓고 온유하다. 위계질서를 존중하고 권위 의식과 대의명분을 중시하지만 본인에게 유리한 입바른 소리를 잘한다. 명예와 규범 안에서 자신의 안정을 추구하므로 남들에게 이기적이라는 소리를 들을 수 있다.

지위 있는 자와 연장자를 존경하고 명예를 소중히 여기며 신용 있고 인품이 바르고 순박하다. 책임감은 강하지만 고지식하며 꾸밈이 없는 편이라 아부를 좋아하는 사람들에게 오해를 받기도 한다. 대담하지 않고 가리는 것이 많아 불리한 입장에서는 모른척하므로 비난을 받는다. 불뚝 성질이 있지만 바른 일 처리를 하려 한다. 반듯함을 의미하므로 과욕, 잘못된 언행을 하면 타인보다 더 나쁜 결과를 초래한다. 책임감으로 빈틈없는 일 처리를 하지만 귀가 얇고 융통성은 부족하다. 합리적이며 과하지 않는 조율로 질서와 명분을 중시한다. 공평한 듯 보이나 내면에는 권위 의식이 있다. 천간의 정관은 남에게 손해를 입히기 싫어하고, 자신이 손해 보는 것은 더 싫어한다. 주장하지 않아도 알아서 나를 대우한다.

1. 품행 단정, 가계 정통, 소유욕 강, 빈틈없고 깔끔하다.
2. 명예, 신용, 자비심, 자기중심적 인품으로 공정하다.
3. 책임감 강하고 대의명분을 내세우며 기백이 굳세다.
4. 많으면 가난하며 여자는 가정 유지가 어렵다.
5. 책임감으로 규범 안에서 자율적, 능동적 생활을 한다.
6. 청렴하고 깨끗한 이미지, 힘들어도 조용히 해결한다.
7. 평탄하고 안정적이며 모험과 충동적 행동을 자제한다.
8. 수완 부족, 완고하지 않는 상대적인 폐쇄성이 있다.

⑨ 편인

임수 성향으로 1·2를 생하며, 7·8을 설기시키고, 5·6에 극을 당한다. 학문과 예술을 좋아하며 권모술수에 능하다. 호기심과 직관력이 있으나 생각이 많아서 지나친 추측을 한다. 생각이 세밀하고 임기응변이 좋으며 사물의 이면을 이해하는 능력이 탁월하고 인내심이 강하며 노력형이다.

자신의 속마음을 쉽게 노출하지 않고 비밀을 잘 지키며 기존의 형식을 뛰어넘는 참신한 기획력이 있다. 독특한 견해나 특수한 기술력을 갖추기도 하나 용두사미 되기 쉬우며 가식과 위선으로 표리부동한 면이 있다. 정당한 권리 외의 추가적인 권리, 자신의 관심사 외는 이해가 늦으나 관심사에는 뛰어난 통찰력을 보인다. 변칙적인 행동을 잘하며 어려운 일은 회피하고 남을 시키며 의심과 반골 성향이 있다. 예지력과 지략이 풍부하여 불가능한 일을 실현하려고 하지만 시작과 끝의 반복으로 남 좋은 일만 시키는 경우가 많다. 원만해 보이지만 체제와 관습에 매이는 것을 싫어하며 새로운 것을 창조하려는 저력이 있어 안정기보다 혼란기에 능력을 발휘한다. 신비로움과 종교에 심취하며 부정적인 편협함도 있다. 타인의 간섭도 싫고 본인도 타인을 간섭하기 싫어한다.

1. 많으면 변덕이 많으나 5가 있으면 흉이 길이 된다.
2. 배움은 많지만 전공 없이 시작과 반복이 이어진다.
3. 파재, 실권, 고독, 등을 의미하며 많으면 불행하다.
4. 재능과 예지력이 탁월. 많으면 부모와 일찍 이별한다.
5. 다양한 생각과 상상력이 많고, 배우자 인연이 약하다.
6. 불가능한 일이나 꿈을 실현하고 싶어 한다.
7. 부지런하나 태만하여 용두사미 되기 쉽다.

⑩ 정인

계수 성향으로 1·2를 생하며, 7·8을 설기시키고 5·6의 극을 당한다. 보수적이며 외골수라 융통성은 부족하나 논리적이며 안정적이다. 학문을 좋아하여 박식하며 문장력이 좋다. 자비롭고 선량하며 지혜로워 전통을 계승하며 윗사람을 존중하지만 시키는 일만 하므로 수동적이다. 따지기를 잘하며 명분에 집착한다. 온유하고 신용이 있으며 부유하고 건강하게 오래 살며 주로 장남 장녀의 역할을 한다.

모성 본능이 강하고 선량하며 원만하여 가정 화목을 중시한다. 논리적이고 보수적이며 안정된 길을 택하므로 주변에서 신임을 받지만 당연하다고 생각한다. 생각을 노출하지 않아 겉과 속이 다른 사람으로 비칠 수도 있다. 능력 업그레이드, 자격, 면허, 문서, 학식, 자비, 종교, 모성애, 성실, 순수한 수용성 등 주로 나를 보호하는 성분이다. 이해력이 빠르고 긍정적이며 순수하게 받아들이지만 단순하다.

1. 지혜, 학문을 의미, 자질이 논리적이며 보수적이다.
2. 문학적 성격으로 안정된 길을 가므로 경쟁을 싫어한다.
3. 편안하여 주변의 신임을 받지만 자기 마음대로 한다.
4. 인의와 자비심은 있으나 타인에게 상처를 받기도 한다.
5. 종교 경신, 품격, 자질 온후, 신망을 얻는다.
6. 자산 풍부, 무병 식재, 생애 안락. 봉사 목표가 있다.

7. 여자 0이 있고 6이 많으면 음란하거나 천하기 쉽다.

8. 욕심은 나지만 겉으로 잘 표현하지 못한다.

9. 체면이 먼저라 부를 축적하는 능력은 떨어진다.

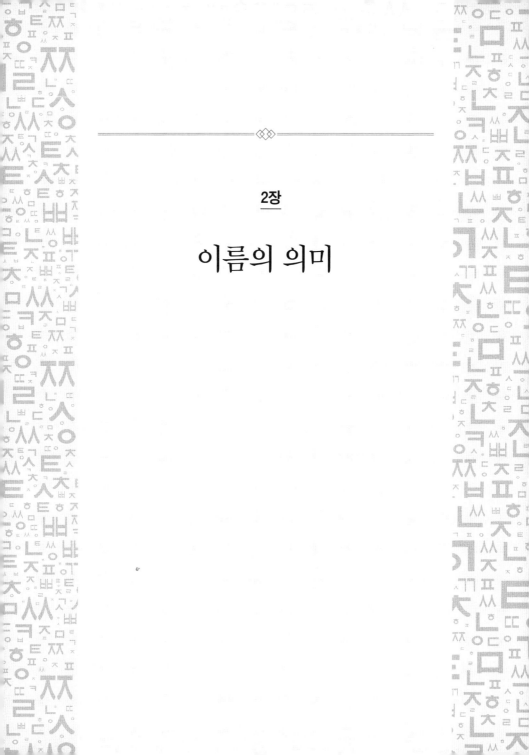

2장

이름의 의미

1

이름의 의미와 문화적 배경

소리는 파동을 만들고 파동이 모이면 특정한 기운이 만들어진다. 이름의 소리도 수없이 불리면서 파동을 형성하여 성격을 만들고 성격은 인생을 만든다. 이름 짓는 방법은 다양하며 크게는 한자식의 '수리작명'과 한글식의 '소리작명'으로 나뉜다.

어떤 이는 한자식 수리작명법이 오래되어 전통 있는 작명법이라고 생각하지만 시간적으로 소리작명에 비해 큰 차이가 없다. 후술하겠지만 수리작명법 체계는 일제강점기에 들어왔으며 그 이전에는 존재하지 않았다. 일본에서는 1930년대에 발표되었고, 우리나라에는 1940년대에 들어왔으니 대략 한글 소리작명법에 비해 30~40년가량 앞선다. 우리 민족에게 씻을 수 없는 아픔인 '일본식 강제 개명'이 일제강점기에 전국적으로 시행되면서 한국인의 작명에 뿌리내리기 시작하여 보편적으로 활용되고 있을 뿐이다. 한글 소리작명법은 한글에 대한 관심이 높아진 70년 대부터 연구가 시작되어 오늘에 이르고 있다.

작명법은 종류가 많아서 좋은 작명법을 판단하기란 쉽지 않다. 하지만, 글로벌화가 가속되는 현시점에서 우리의 문화유산인 한글에 관심을 가져야 한다. 한글은 소리글자이다. 소리는 물체의 진동으로 만들어진 파동으로 주위 공기의 압력에 대한 변화로 일어나 주변의 공기 밀도에 영향을 미친다. 사람 소리, 동물 소리, 음악 소리 등도 진동에 의해 만들어진다.

소리의 파동은 인간에게 육체적, 정신적으로 영향을 주며 질병의 치유에도 활용된다. 수없이 불리는 이름의 소리도 당연히 인간에게 영향을 준다는 가설 설정이 가능하다. 소리작명은 소리 이치를 활용한 것으로 한글과 소리작명과는 뗄 수 없는 불가분의 관계다. 한글은 창제 시 자음과 모음에 각각의 음양과 오행이 부여되어 운명적인 관점에서도 훌륭한 작명 도구이다. 이러한 사실은 이름을 지을 때 가장 먼저 고려되어야 함에도 불구하고 대부분의 작명가는 획수에 맞는 한자 찾기에 많은 시간을 투자한다. 이름의 길흉과 작명법의 질을 따지기 이전에 우리 이름은 우리 글자로 지어야 함이 마땅하다.

2

작명법 연원

『설문해자』에 이름은 '저녁 석夕 자'와 '입 구口 자가 결합되어 이름 '명名'
이 되었다고 전한다. 낮에는 사람의 모습과 행동으로 누구에게 말하는
지, 누구를 부르는지 알 수 있지만, 저녁이 되어 보이지 않으면 이름을
부르지 않고는 누구를 부르는지, 누구에게 말하는지 알 수가 없다. 그래
서 이름의 한자인 명名이 저녁 석과 입 구 자로 형성되었다고 한다. 우리
민족은 과거부터 이름에 영靈이 동動하는 기운이 있다고 믿어 왔다. 그렇
다면 '정靜적인 글자'보다 '동動적인 소리'가 영동하는 기운이 더 강하다고
보는 것이 타당하다. 소리작명법의 견해도 이와 같으며 글자 획수나 의
미를 활용한 작명법에 비해 영향력이 강하다고 보는 이유이다.

일반적으로 이름은 긍정적 의미, 부드러운 발음, 혼동되지 않는 고유
성, 개인적인 상황과 시대적 환경에 맞아야 한다. 『예기禮記』의 「곡례曲禮」

상편에는 "해와 달로 짓지 않으며 은질隱疾로 짓지 않고, 산과 강의 이름으로 짓지 않는다."라는 원칙이 있고, 『춘추春秋』에는 "높은 사람이나 부모, 현자의 이름으로 짓지 못하며 부모의 이름은 함부로 부르지 못한다."라는 내용이 있고, 『조선왕조실록』에 왕이 직접 이름을 내린 신하를 훌륭하다고 평가하는 기록으로 보아 당시에도 이름을 귀하게 여겼다는 관념이 있었다는 것은 알 수 있으나 작명에 대한 일정한 가이드라인이나 원칙이 있었는지는 증명할 근거는 없다.

모든 한국인의 이름이 지금 형태가 된 것은 비교적 최근의 일이다. 그 전에는 성이 따로 없던 고대식古代式 이름이었다. 우리가 이름으로 당연히 쓰는 성 한 글자, 이름 두 글자는 처음부터 구성된 것이 아니다. 고대에는 성을 사용하지 않았다. 삼국시대 이전의 이름은 순수한 우리말 이름이었으며 신라 35대 경덕왕 때 현재의 방식이 처음 사용되었는데, 우리 문화의 많은 부분이 중국의 영향을 받았듯이 이름도 그렇다.

당시 성씨의 사용은 일부 기득권의 전유물이었고, 성씨의 사용 유무는 신분 차별 문화로 자연스럽게 이어져 통일신라의 기득권 사이에 보편화되었다. 사회가 변하는 과정에서 성과 본관이 세분화되고 고려시대부터 정착되기 시작했지만 성의 사용이 집권층의 전유물인 것은 변함없었다.

1905년 민적부를 만들 때도 성이 없는 사람이 성이 있는 사람에 비해 훨씬 많았다. 남자는 대부분 노비나 천민이었지만 여자는 양반이라도 정식 이름이 없었고 호적 정리를 하는 공무원이 즉석에서 지어 주는 경우가 많았다. 우리 성씨가 몇몇 성씨에 집중된 것은 이때 노비나 천민이 성을 부여받을 때 자기 주인의 성씨를 사용하거나 유명한 성씨를 사용한 것이 가장 큰 이유라고 본다.

작명법이 본격적으로 우리나라에 들어온 것은 일제강점기 때이며 일본인 '구마사키 겐오'가 '81수리'에 길吉수와 흉凶수를 구분하여 창안한 '수리작명법'이다. 한자의 획수에 따라 길흉을 설명하는 이 작명법은 단명한 장수의 이름 획수는 흉수로 정하고, 무난한 삶을 산 장수들은 길수로 정하여 일본 메이지 시대에 정립된 것으로 알려져 있다.

당시 일본식 성명 강요로 우리 국민들은 이 작명법으로 일본식 이름을 지었으며 현재 국내 작명가의 90% 이상이 아무런 비판 의식 없이 전통 작명법으로 알고 사용하고 있다. 일각에서는 중국 작명법이 일본으로 건너가서 우리나라에 도입되었다는 시각과 일본 막부의 수장인 쇼군에서 애도나 전국시대에 성을 갖고 있던 무장들 사이에 활용하던 작명법이라는 시각이 있는데 모두 근거가 없다.

2010년 10월 22일 대구 MBC가 방영한 〈우리 이름, 가는 길을 묻다〉에 의하면 일제강점기에 구마사키 겐오가 1940년 3월 16일 자 '매일신보'에

작명 광고를 크게 하였고 당시 그 광고를 본 국민들이 일본식으로 강제 진행된 개명에 활용된 것으로 현재 수리 성명학의 시초로 보인다고 한다.

이런 과정을 통해 수리작명법은 우리나라에 정착이 되었다. 당시 '구마사키 겐오'의 문하생으로 일본식으로 개명을 한 조선인 '쿠미하시' 등이 1935년 일본 도쿄 상류사회의 종교법인 '오성각'이라는 작명소를 설치하였으며 '구마사키 겐오'의 후손이 현재까지 가업을 이어 오고 있다.

작명 방식의 옳고 그름을 논하기에 앞서 우리 민족이 오랜 기간 일본의 강제 만행에 시달렸던 것은 부정할 수 없는 사실이다. 이런 역사적인 사실을 잊고 우리 이름을 일본식으로 작명을 할 이유가 없으며 우리 글자인 한글에 주목해야 할 때이다.

국민의 의식 수준이 높아지면서 일본의 잔재가 대부분 사라졌지만 유독 작명에서는 아직까지 뿌리 깊게 남아 있다. 한글은 세계인이 부러워하는 우리 민족 최고의 문화유산이다. 우리 이름을 우리글로 짓는 것은 당연하다. 현재 국내 작명법의 대부분을 차지하는 수리식 작명법의 경우 작명 방식은 일본식, 글자는 중국식의 획수 위주이다. 이러한 현재의 작명법은 반드시 변화가 필요하다.

3

한글소리작명법의 이론적 배경

한글소리작명법은 차별화된 접근 방식을 취한다. 기존처럼 한자의 획수로 이름을 짓는 것이 아니라, 개인의 사주와 한글의 자음과 모음에 부여된 음양오행 기운의 조합으로 짓는다. 이때, 간지에 의해 도출되는 고유수(십성)가 필요하며, 고유수 도출은 음양, 오행, 간지의 관계로 완성된다.

글자가 인체와 정신에 미치는 영향은 동아시아 문화권에서는 크게 주목받지 못하였으나 소리의 영향력은 사회적 질서를 수립하는 원리인 예禮와 동등한 위치에서 음악(소리)의 기능을 강조하였다.

고대인은 신과의 소통에 주로 소리(樂)를 이용하였으며 소리를 신과의 연결 통로라고 여길 정도로 중시하였다.

소리는 물체의 진동으로 공기 입자가 움직일 때 청각 작용이 감지하는 파동이다.

에모토 마사루의 저서 『물은 답을 알고 있다』에는 무생물인 물과 소리와의 관계를 실험으로 밝히고 있다. 소리에서 나오는 힘이 물인 무생물까지 영향을 미친다는 결과로 보았을 때 대략 70%가 물로 이루어져 있는 인간도 소리의 영향을 받는다고 할 수 있다. 목장의 음악 소리, 수목원의 음악 소리, 양파와 고구마 줄기 실험 등 소리의 영향을 과학적으로 밝힌 실험은 무수히 많다.

소리와 인간의 생리 파동은 비슷하다고 한다. 그렇다면 평생 불리는 이름의 소리도 당연히 영향을 받을 것이다. 당사자에게 맞게 구성된 이름이 긍정적인 삶의 자세를 갖게 할 것이라는 작명의 목적과도 연계된다. 소리 작용을 활용한 한글소리작명법은 한글의 제자 원리가 음양오행과 태극을 비롯한 삼재 사상의 이치에 의해 만들어진 것을 근거로 한다.

역易이란 변화와 동시에 변하지 않는 것이다. 해가 뜨고 지는 변화 가운데 '해'와 '달'이라는 근본 체는 변하지 않고, 낮과 밤의 변화만 있을 뿐이다. 하늘과 땅은 '자연'이라는 말처럼 스스로 그러한 이치의 근본으로 체는 변함이 없는 가운데 사람과 더불어 용의 변화를 일으킨다. 하나의 이치가 확대되는 역易의 변화를 천지인天地人으로 표현할 수 있다.

『훈민정음』 「해례본」에 "사람에게는 소리가 있는데 그 근본이 오행이므로 모두 4계절에 부합되어 서로 어긋나지 않고, 오음에도 맞추어서 흐르니 어그러지지 않는다"[2]고 하여 한글이 소리에 오행을 부여하여 제작되었음을 밝히고 있다.

"천지의 도(이치)는 오직 음양오행일 뿐이다. 곤坤과 복復 사이는 태극이 되고, 움직이고 멈춘 후에 음양이 된다. 무릇 살아가는 어떤 종류의 무리든 천지 사이에 있는 모든 것들이 음양을 버리면 어디로 갈 것인가? 그러니 사람의 소리도 음양 이치가 있지만, 사람이 살피지 않아서 모를 뿐이다. 지금『훈민정음』을 만들게 된 것도, 처음부터 지혜롭게 마련하고 힘으로 억지로 찾아낸 것이 아니라, 소리를 바탕으로 해서 그 이치를 다할 뿐이다. 이치가 이미 둘이 아닌데, 어째서 하늘과 땅, 신과 더불어 그 사용함을 함께 하지 않겠는가?"[3]

한글은 세종이 만들어 체계화시켰음을 정인지 서문을 통해 알 수 있다.『훈민정음』,「제자해」에는 글자를 만들 때 아·설·순·치·후 (ㄱ·ㄴ·ㅁ·ㅅ·ㅇ) 다섯 곳의 조음위치에 따라 기본 자음자를 만들었고, 자형字形은 발음기관인 혀의 위치와 발음 상태를 본떠 만들었는데 그

---

2) 夫人之有聲 本於五行 故合諸四時而不悖 協之五音而不戾,『훈민정음』,「해례본」.

3) 天地之道, 一陰陽五行而已. 坤復之間為太極, 而動靜之後為陰陽凡有生類在天地之間者, 捨陰陽而何之. 故人之聲音, 皆有陰陽之理. 顧人不察耳. 今正音之作, 初非智營而力索, 但因其聲音而極其理而已. 理既不二, 則何得不與天地鬼神同其用也(『훈민정음』,「해례본」).

기본자로는 'ㄱ·ㄴ·ㅁ·ㅅ·ㅇ'이다. 'ㄱ'은 혀뿌리가 목구멍을 닫는 모양을 본떠 만들었고[4], 'ㄴ'은 혀가 위의 잇몸에 붙는 모양을 본떠 만들었으며[5], 'ㅁ'은 입의 모양을 본떠 만들었으며[6], 'ㅅ'은 치아의 모양을 본떠 만들었으며[7], 'ㅇ'은 목구멍의 모양을 본떠 만들었다.[8]

모음은 천지인, 삼재 사상을 기본으로 하여 'ㆍ'은 둥근 모양의 하늘을 본떠[9] 천天이라 하고, 'ㅡ'는 평평한 땅의 모습을 본떠[10] 지地이며, 'ㅣ'는 하늘과 땅 사이에 서 있는 인간을 의미하여[11] 인人이라 한다. 하늘을 의미하는 'ㆍ'가 첫 번째로 나오고, 땅을 의미하는 'ㅡ'가 두 번째로 나오고, 사람을 의미하는 'ㅣ'는 세 번째 나왔다. 한글 모음의 기본자인 천지인(ㆍㅡㅣ)의 세 글자는 모두 오행(木·火·土·金·水) 중 사계절을 연결하는 토土에 배속하였으며, 'ㆍ'은 하늘을 의미하여 양에 배속하고, 'ㅡ'은 땅을 의미하여 음에 배속하였다.

다만, 'ㅣ'는 사람을 의미하여 오행으로 토에 배속하였으나 음양을 모두 갖추었다고 보아 따로 음양을 구분하지 않았다. 그래서 (ㆍ ㅣ ㅡ)을 기본자라 하고, 기본자 'ㅡ' 글자에 'ㆍ' 글자를 위쪽에 붙여 'ㅗ', 아래쪽에

---

4) 『訓民正音』「制字解」 "象舌根閉喉之形.".
5) 『訓民正音』「制字解」 "象舌附上齶之形.".
6) 『訓民正音』「制字解」 "象口形.".
7) 『訓民正音』「制字解」 "象齒形.".
8) 『訓民正音』「制字解」 "象喉形.".
9) 『訓民正音』「制字解」 "形之圓 象乎天也.".
10) 『訓民正音』「制字解」 "形之平 象乎地也.".
11) 『訓民正音』「制字解」 "形之立 象乎人也.".

붙여 'ㅜ', 'ㅣ' 글자 왼쪽에 '·' 글자를 붙여 'ㅓ', 'ㅣ'의 오른쪽에 '·' 글자를 붙여 'ㅏ'라 하였다. 이렇게 만들어진 4가지 모음(ㅗ·ㅏ·ㅜ·ㅓ)을 처음 나온 글자라 하여 초출자라 하였고, 여기에 '·' 글자를 하나씩 더 붙여서 (ㅛ·ㅑ·ㅠ·ㅕ)라 하고, 초출자 다음에 나왔다 하여 재출자라고 하였다.

『훈민정음』에서 음양을 배속하기를 (ㅗ·ㅏ·ㅛ·ㅑ)는 '·' 글자가 밖이나 위에 있어서 양으로 배속하고 (ㅜ·ㅓ·ㅠ·ㅕ)처럼 안쪽이나 아래에 있는 것은 땅에서 생겨났다 하여 음이라 하였다.[12] "반설음과 반치음 역시 혀와 이의 모양을 본떴으나, 그와 '체'가 다르기 때문에 획을 더한 뜻이 없다고 하였는데 기본 글자인 'ㄴ'에서 'ㄹ'이, 기본 글자인 'ㅅ'에서 나온 것으로 보기도 하나, 이것은 송대의 '체'와 '용' 사상에서 나온 설명으로 보아야 될 것이다. 송 시대에도 어떤 사물의 근본이나 원리를 '체'라 하고 그 '체'의 작용이나 활용을 '용'이라고 했었다. 바른네임에서도 체와 용을 구분한다.

---

12) 『訓民正音』,「制字解」, "ㅗ·ㅏ·ㅛ·ㅑ, 之圓居上與外者, 以其出於天而爲陽也. ㅜ·ㅓ·ㅠ·ㅕ, 之圓居下與內者, 以其出於地而爲陰也.".

3장

한글소리작명법과
음양오행

1

한글소리작명법

한글은 글자를 만든 목적과 만든 사람, 시기가 분명하게 밝혀진 소리 글자이다. 소리작명은 한글의 자음과 모음의 오행과 음양으로 육친을 설정하여 이름을 짓는 것이다. 국내는 다양한 작명법이 있지만 소리작명은 이름에 영동하는 기운이 있다는 관점에 가장 근접한 작명법이라고 할 수 있다.

한글소리작명법에서는 『훈민정음』, 「해례본」을 체로 하여 작명법에 활용하되 명칭은 의미를 훼손하지 않는 선에서 작명법에 맞추었다.

기존 작명법은 한자 문화권의 이름만 활용할 수 있으나 한글 소리작명법은 글자로 표시할 수 있는 대부분의 세계인 이름으로 확장이 가능하므로 외국인 이름도 활용할 수 있다. 성명학이 추구하는 '사주의 한계 보완'이 가능하며 사람 이름뿐 아니라 사는 곳의 지명과 사업장의 상호를 비롯하여 진로와 건강까지 확장할 수 있다.

한글은 '훈민정음'이라는 이름으로 1997년 10월 유네스코에서 세계기록유산으로 등록되었다. 1990년 이후 지구에서 문맹 퇴치의 공이 큰 사람을 뽑아 매년 10월 9일마다 '세종상'을 수여하는 등 다양한 방법으로 알리고 있다.

한글소리작명법은 한글로 된 이름을 부를 때 발생하는 소리 에너지를 바탕으로 천지天地 기운의 음양오행을 접목한 것이다. 자음만으로는 정확한 소리가 나지 않고, 자음과 모음이 결합되어야 정확한 소리가 난다. 예를 들어 '송'이라면 'ㅅ', 'ㅇ' 사이에 'ㅗ'가 들어가서 '송'이라는 명확한 소리가 나는 것이지 'ㅅ', 'ㅇ'만으로는 '송'이 될지 '성'이 될지 알 수 없다. 즉, 'ㅅ'과 'ㅇ'의 조합은 '상, 샹, 성, 셩, 송, 숑, 숭, 슝, 승, 싱' 등으로 달라진다.

한글소리작명법은 명리학을 모태母胎로 하는데 명리학이란 생년월일시를 우주와 자연의 기운인 음양과 목木 화火 토土 금金 수水로 대표되는 오행에 접목하여 기운을 읽어 내는 것으로 오행 간의 생극제화로 다양한 미래 예측에 활용한다. 사주가 변하지 않는 선천운이라면 이름은 변화 가능한 후천운이다. 쌍둥이는 태어난 날이 같으니 사주가 같다. 그렇다면 살아가는 모습도 같아야 되는데 그렇지 않다. 여러 이유가 있겠지만 이름이 다른 것도 그 이유 중 하나이다.

(1) 작명법의 논쟁

작명에서 한글의 자음을 활용할 때 'ㅇ·ㅎ'과 'ㅁ·ㅂ·ㅍ'의 오행 설정
은 작명하는 사람마다 다르다고 앞에서 밝혔다. 'ㅇ·ㅎ'을 토로 보는 「운
해본」[13] 옹호가와 'ㅁ·ㅂ·ㅍ'을 토로 보는 「해례본」 옹호가로 나뉜다. 현
재 명리와 작명에서 소리오행의 활용은 95% 이상의 다수설이 된 운해본
오행과 5% 미만의 해례본 오행이다. 다수설이라 하여 모두 옳다고 할 수
없고, 소수설이라 해서 옳지 않다고 할 수 없다. 이는 단순히 '음운'만의
문제가 아니라 '음운'과 결합된 '음양오행설' 자체의 쟁점으로 한글 창제
이전부터 있었던 오래된 논쟁이다.

운해본을 취하든 해례본을 취하든, 논리적인 이유가 있어야 한다. '남
이 그렇게 하니 나도 그렇게 한다.' 또는 '선생에게 그리 배웠으니 그렇게
한다.'라는 이유는 합당하지 않다. '왜?'에 대한 물음과 사유思惟가 반드시
필요하다.

과거인들의 관념 속에 지구, 즉 땅은 둥근 원형이 아니라 각진 네모형이
었다. 우리 조상들도 천원지방天圓地方이라고 하여 하늘은 둥글고 지구는

---

13) 「운해본」은 조선 후기 문신인 '여암 신경준'이 송나라 소옹(邵雍, 1011~1077)의 『황극경세성
음창화도』를 참고하여 만든 것으로 '경세성음수도經世聲音數圖'를 권두에 싣고, 두 번째 『훈민
정음』 도해訓民正音圖解에서 한글을 초성, 중성, 종성으로 나누어 역易의 상형설을 가지고 설
명한 것이다.

네모지다는 관념이었으니 당연히 당시의 땅(土)은 각지고 네모였을 것이다. 그러니 오행의 마디로 각 오행을 이어 주는 토가 네모진 사각형이라고 생각하는 것이 어쩌면 당연할지도 모른다. 우리보다 과학이 발달한 서양에서도 기원전 5세기가 되어서야 피타고라스가 처음으로 지구가 둥글다는 주장을 제기하였고, 서양 역법을 통해 막연하게 제기만 할 뿐 증명되지 않다가 포르투갈의 항해사 '마젤란'이 세계 일주를 통해 증명했다.

우리나라에서는 조선시대 이익(1681-1763)의 『성호사설』에서 땅은 둥글고 지름이 삼만 리 정도인 공처럼 생겼다고 주장하였는데 실제 지구 둘레와 비슷한 수치라는 것이 놀랍다. 홍대용(1731~1783)의 『의산문답』에서도 지구는 둥글고 낮과 밤이 생기는 것은 지구가 하루에 한 번 자전하기 때문이라고 주장했다.

하지만 이러한 주장들은 당연히 그 시대의 사람들에게 인정받지 못했다. 이때가 한글이 창제되고 족히 삼백 년은 지나서이다. 그때 비로소 우리나라에서도 지구가 둥글다는 의식이 일부 실학자 사이에서 생기기 시작한 것이다. 하물며 세종이 한글을 창제할 때의 상황이야 더 말할 것도 없다. 위의 이유와 함께 작명법에서 「운해본」의 오행을 취하는 이유는 아래와 같다. 아래는 필자의 박사학위 논문의 내용을 참고하여 정리한 것이다.

'세종의 명에 의해 1448년 신숙주申叔舟·최항崔恒·박팽년朴彭年 등이 편찬한 한국 최초의 운서韻書인『동국정운』은 1972년 3월 국보로 지정된 것인데「운해본」을 따르고 있다. 역학의 뿌리인 중국에서는 전통 음운학에서 현존하는 가장 오래된 음운서로 알려진 남송南宋 정초(鄭樵, 1102-60)의 저작인『칠운략』은『훈민정음』보다 수백 년 일찍 나온 것인데「운해본」과 같은 오행을 사용하였다. 'ㅇ'과 'ㅎ'은 흙·황토·언덕 등의 토土를 의미하는 첫소리의 우리말이 있으나 'ㅁ·ㅂ·ㅍ'으로는 흙을 표현할 수 있는 단어가 잘 없다. 수水의 'ㅁ·ㅂ·ㅍ'은 바다·비·파도 등으로 물을 의미하는 수水와 관련된 첫소리의 우리말 표현이 있으나 'ㅇ'과 'ㅎ'으로는 물을 표현할 수 있는 우리말이 거의 없다. '흙 토·물 수'라고 하지 '흙 수·물 토'라고 하지 않는다. 토土는 사계절 끝에 위치하여 계절과 계절을 이어 주는 역할을 하며 특성상 중화를 의미하는데 'ㅁ'이라는 형상보다는 'ㅇ'이 중화와 연결의 특성에 더 가깝다.'

이외, 앞에서도 언급한 '체용'으로 보아서이다. 체용은 동양학에서 중요하게 다루는 사상으로 동양인의 사고방식으로 사물을 바라보는 방법 중 하나이다. 사물을 체體와 용用 두 가지로 나누어 그 의미를 이해하는 것으로 체는 사물의 본체나 근본을 의미하고 용은 사물의 작용 또는 현상을 의미한다. 체와 용은 음과 양처럼 따로 분리할 수는 없다. 퇴계도 '이理가 체體이고 이理가 상象으로 드러난 것이 용用'이라는 자신의 논리를

'체용론'으로 설명하였다. 체용 사상은 체와 용을 구분한 것이지만 상황이 바뀌더라도 체는 변함없어야 하고 용은 달리 활용할 수 있다. 명리 이론도 체용으로 설명할 수 있는 가장 대표적인 것으로 '수水'와 '화火'이다.

한글은 우리 민족이 다양하게 활용하라고 만든 글자이다. '이름을 지을 때만' 활용하라고 만든 것이 아니라 '이름을 지을 때도' 활용할 수 있게 만든 것으로 「해례본」 어디에도 이름을 위한 대목이 없다. '체'인 『훈민정음』 「해례본」을 그대로 사용할지, 작명이라는 '용'에 맞게 활용할지는 각자 판단에 달려 있다. '체용'의 예를 '물'로 들면, '체'인 물을 '용' 할 때는 차(茶)는 끓이고, 아이스크림은 얼린다. 체용은 달리 쓰이기 때문에 나온 말이다. '체'와 '용'이 같다면 '체용'이라는 단어 자체도 없다. '용'은 활용일 따름이다. 이름을 지을 때 '체'는 보존하고, '용'으로는 다양하게 활용하는 것이다.

소리작명의 가장 큰 단점은 작명법에 맞추면 이름의 중복이 심한 것과 매끄럽지 않은 이상한 이름이 주로 나온다는 것이다. 이는 이름을 작명법이라는 형식 안에 가둔 폐단으로 변화가 필요하다. 작명할 때는 성명학적으로 좋고 나쁘고의 판단에 앞서 부드럽고 좋은 의미여야 하며 한자도 획수보다 의미에 중점을 두어야 한다. 이름 짓기는 후천적인 부분으로 각자의 작명법에 맞게 활용하되 선천과의 조화가 중요하다. 조화를 위해서는 기본적인 명리 지식이 필요하며 음양과 오행이 그 지식의 시작이다.

2

음양오행

음양陰陽은 동아시아를 중심으로 고대로부터 인간과 우주의 관계를 해석하는 데 수반되어 왔으며 유교, 불교사상과 함께 발전하였다. 음양과 오행은 각각 따로 발생하였는데 전국시대를 지나 한나라 초에 음양오행설로 통합되었다고 전해진다. 음양오행설은 서로 의존, 대립, 보완, 제약, 감응하며 동아시아인의 사상 관념에 지대한 영향을 미치며 오늘에 이르고 있다.

	음양의 단계별 발전	
1	춘추시대 이전	원시 음양설
2	춘추시대	상대성과 보완성
3	춘추시대 이후	음양오행의 결합
4	10간 12지 배속	자연(태양)적인 관념

〈음양의 발전〉

음양은 우주 생성의 출발이며 존재하는 모든 것에 공존한다. 기본적인 개념은 태양과의 관계로부터 시작되며 태양과 가까울수록 '양'에 가깝고 태양과 멀어질수록 '음'에 가깝다. 언제 꽃이 피고 열매가 되는지 때를 아는 것도 음양이다.

머리는 위에 있으니 '양'이고 몸은 아래에 있으니 '음'이다. 동그란 것은 양이고 모난 것은 음이다. 피부는 드러나 있으니 양이고, 피부 속은 감추어져 있으니 음이다. 등은 양이고 배는 음이며, 팔다리는 움직임이 많으니 양이고 몸통은 움직임이 적으니 음이다.

양이 왕성하면 혈액의 병이 많고, 음이 왕성하면 기운의 병이 많다. 많이 움직이는 눈과 입은 양이고, 덜 움직이는 귀와 코는 음이다. 우리 눈에 해가 보일 때, 달은 보이지 않아도 반대편에서 존재하니 서로 음양이다. 시간은 움직이니 양이고, 공간은 멈추어 있으니 음이다. 음양은 인간 삶의 기본이며 역학의 모든 분야에 오행과 더불어 가장 중요한 부분을 차지한다.

'양'에 병이 있으면 '음'을 다스리고, '음'에 병이 있으면 '양'을 다스린다고 『소문』에 이르고 있다. 즉, 음양은 상호 보완으로 양이라고 모두 좋은 것이 아니고 음이라고 모두 나쁜 것이 아니라 음양의 조화가 제일이다. 조화로운 사주로 태어나면 좋겠으나 음이 강하면 양의 이름으로 다스리고, 양이 강하면 음의 이름으로 다스리는 것이 작명의 보편적인 운명 보완이다.

이름에서 음양의 기본 작용은 양이 양을 생하면 서로 잘났다고 생각하니 주위의 도움 없이 스스로 이루어야 하고, 양이 음을 생하면 좋은 관계로 주변의 도움이 있다. 음이 양을 생하면 손해를 감수해야 이룰 수 있으며, 음이 음을 생하는 것은 최종적인 결과를 본인이 갖는 것이다.

	인체의 음양	음이 강할 때	양이 강할 때
1	체온	낮다	높다
2	선호 계절	여름	겨울
3	물	따뜻한 갈증 없다	차가운 갈증 있다
4	성격	침착, 차분	흥분, 동적임
5	소화력	식욕부진, 소화불량	왕성한 식욕, 소화 양호
6	소변	다량, 빈뇨, 맑다	소량, 드물게, 붉은 편
7	기색	어둡고 창백	밝으며 붉다
8	변	설사	변비
9	손발	차다, 냉하다	따뜻하다, 추위에 강
10	호흡	들숨이 강함	날숨이 강함
11	맥박	느리고 약함	빠르고 강함
12	수면 자세	오그린다	드러내고
13	선호 음식	채소류, 담백한 것	육류, 기름진 것
14	감정	우울, 소극적, 생각	공격적, 적극적, 말
15	선호	낮, 밝음	밤, 어두움

〈인체의 음양〉

오행이라는 말은 일반적으로 만물을 구성하는 5가지 기본적인 원소로, 고정되지 않고 움직이는 것이라서 5가지를 의미하는 오五 옆에 행行이 붙어 있다. 오행은 변화를 주도하는 기본 기운이며 목木은 나무를, 화火는 불을, 토土는 흙을, 금金은 쇠를, 수水는 물을 말한다. 중국의 양계초, 풍우란은 오행의 본래 의미는 사람들이 활용한 생활 자료였으나 후에 변화를 거치면서 의미가 확대되어 자연현상과 생활 현상의 변화를 해석하여 정립되었다고 가정할 뿐이라고 하였다.

과거 고대인들의 사고력으로 자연을 연구하여 오늘에 이르렀다. 당시의 세계관과 자연현상은 현대 인간의 대처력에 따라 다른 경우도 있으며 오행의 의미도 당시의 깊은 통찰력을 바탕으로 현대의 과학적인 다양한 이론을 접목하며 변화과정을 겪고 있다. 오행은 현대 생활 속에도 다양하게 활용되는데 요일, 방향, 계절, 색, 의미, 맛, 성질, 수리, 오장, 짐승, 오음 등 저마다의 특징으로 뿌리 깊게 자리 잡고 있다.

목木은 동쪽, 봄, 청색, 젊음, 창조, 행복, 미숙, 신맛, 인仁, 3과 8, 간, 청룡, 궁상각치우의 각角……, 끝도 없다. 백색은 순수, 청결, 정의, 외로움, 죽음을 뜻하고, 황색은 황제, 권위, 풍요, 결실, 신임, 욕망을 뜻하므로 백색이 상복喪服으로, 황색이 황제의 옷으로 쓰이는 것도 오행 사상에서 유래된 것이다. 목은 자유분방하며 생명력과 추진력이 강하며 화는 열정적, 사교적으로 명랑하며 예의 바른 처세가이다. 토는 중용, 중화로 원만한 조절을 하며, 금은 수렴하는 단호함과 마무리를, 수는 지혜로움과 휴식, 인내심과 저장을 상징한다. 아래는 오행의 분화를 정리한 것이다.

오행	木	火	土	金	水
天干	甲·乙	丙·丁	戊·己	庚·辛	壬·癸
地支	寅·卯	巳·午	辰·戊 丑·未	申·酉	亥·子

〈오행의 분화〉

음양과 오행은 별개가 아니라 서로 유기적인 관계로 오행도 음양으로 나눈다. 천간 10개, 지지 12개의 간지干支도 음양오행으로 나뉘며, 오행은 생극으로 비겁(비견, 겁재), 식상(식신, 상관), 재성(편재, 정재), 관성(편관, 정관), 인성(편인, 정인)으로 십성이 만들어진다. 한글의 자음 중 'ㄱ'은 비겁 성향이 강하며 주체적으로 성장하고, 'ㄴ'은 식상 성향이 강하며 널리 펼치려 하고, 'ㅇ'은 재성적 성향이 강하여 사람을 연결하고 모아서 중화하고 'ㅅ'은 관성의 성향이 강하여 정리하고 갈무리하여 단단하게 하며, 'ㅁ'은 인성의 성향이 강하여 갈무리한 것과 경험을 저장하여 다음을 준비하려 한다. 즉, 오행의 목은 비겁의 성향이, 화는 식상, 토는 재성, 금은 관성, 수는 인성의 성향을 내포하므로 특정 십성이 없다고 해서 그 성향이 완전히 없다고 해석하면 안 된다.

식상이 없어도 목화木火 기운이 강하면 적극적이고 유연하며 미래지향적인 창의력의 식상 특성을 내포하는 것이다.

	인성	비겁	식상	재성	관성
사회	계획력	조직력	표현력	실천력	수행력
재물	설계력 장기 계획	소비 투자 재물 활동	재테크	보관력	관리력
정신	보수적 인내심	적극적인 지배력	혁신적 비판력	능동적 집착력	절제력 통제력
대외	명예 자격	경쟁력	재능 발휘	재물 성취	권위 정체성

〈오행별 능력〉

3

오행의 생극

　소리(파동)에는 그 소리만의 오행적 의미가 담겨 있다. 인간의 발음기관에서 나오는 소리를 '음성' 또는 '말소리'라고 하여 언어는 음성을 기초로 성립한다. 이름도 발음기관인 입을 통하여 나오는 소리이므로 오행의 분류에 따라 성격이나 운세를 판단하는데, 앞서 밝혔듯이 한글이 음양오행을 근거로 만든 것이기 때문이다. 이름 소리 속에 잠재된 기운이 파동을 일으켜 인간의 운명에 영향을 주므로 건강, 재물, 자식, 배우자, 학문, 부모, 명예, 성격 등을 유추할 수 있다. 오행의 상생과 상극은 하도와 낙서로부터 비롯된다. 하도와 낙서는 상생과 상극을 동시에 갖고 있는데 음양이 동시에 존재하는 것과 같은 이치이다. 하도는 상생을 의미하며 음양의 조화를 나타내고, 낙서는 상극을 의미하며 음양의 부조화를 나타낸다. 하도는 체이고 낙서는 용이다. 하도와 낙서의 실체를 본

사람은 없다. 저마다의 추정이 거듭되면서 송대 소강절이 그린 그림이
채택되어 지금까지 내려온 것이다.

(1) 상생相生

상생의 생生이란 '돕는다', '낳는다'는 뜻이다. 목이 화를 낳는 것에 비유
할 수 있으며 서로 상相을 쓰는 이유는 서로가 돕기 때문이다. 목의 생을
받은 화는 받기만 하는 것이 아니라 목을 극하는 금을 견제하여 목을 보
호하여 목생화의 관계가 성립하므로 서로 상자를 쓴다. 자식을 낳고 자
식은 훗날 어머니를 보살피는 이치다. 오행의 상생은 토생금, 금생수, 수
생목, 목생화, 화생토로 구성된다. 단편적인 해석으로 수는 목을 생하여
나무가 잘 자라게 하고, 나무는 불을 만들며, 불은 대지를 생기게 하며,
토는 흙의 압축 작용으로 쇠를 만들며, 금은 질 좋은 광천수를 만드는 것
이다. 생극의 구체적인 특성은 다른 장에서 다루므로 간단히 언급한다.

① 수생목水生木

목은 직관적이며 수를 통해 성장한다. 기획하고 학습하는 것으로 수
기운이 다음 생의 준비를 위해 씨앗을 품어 목을 생하는 것이다. 새로운
생명을 탄생시키는 작용으로 소통이 되는 오행 순환의 기초적인 학습
역할을 한다.

② 목생화 木生火

목의 목적은 화로서 대중성이다. 발현과 분열로 구체화되는 것으로 뻗어 나가려는 목의 기운이 더욱 확산되는 것이다. 계속 분열되고 발전하며 팽창되며 능동적이다. 시작도 잘하고 중단도 잘한다. 가공이 포함되지 않은 순수함으로 아침이 지나 한낮이 되는 것으로 열심히 사는 것이다.

③ 화생토 火生土

토는 화의 상식적인 확산과 분산이 기반이며 전환과 변화이다. 화산이 폭발하여 대지를 이루는 것과 지구의 탄생으로 볼 수 있다. 햇볕이 잘 비춰야 농작물이 잘 자라니 화생토다. 목생화는 발전과 분열이고 화생토는 분열되는 화를 토를 멈추게 하여 다른 기운으로 전환시키는 작용이니 현명함이다. 반복함으로 익숙해져 경험치가 높아진 것이다. 여름에서 가을로 갈 수 있는 것은 토의 관여 때문이다.

④ 토생금 土生金

금은 토에 의해 생기며 굳어지고 수축하여 내실을 다지는 작용을 한다. 대지의 흙이 오랜 세월로 바위나 쇠로 변하는 것으로 목화에 이어 토의 중재로 화기가 멈추는 가을이며 음의 작용이 시작되는 것이다. 결과를 만들어 내는 것으로 지금까지 지나오면서 인증된 경험과 정제된 지식이니 지혜롭고 연속적인 도움이다.

⑤ 금생수金生水

목화가 상승과 발전이라면 오행의 순환은 금생수로 마감하고 다시 새로운 순환으로 이어진다. 금의 수축 작용의 마지막 단계다. 통찰력을 가진 무르익은 경험과 응축된 금기의 지혜가 견고해지면서 유지되는 것으로 수익을 창출하니 똑똑하며 다음을 위한 씨앗 역할을 한다.

(2) 상극相克

극해서 죽거나 없어진다는 의미가 아니고 조절하고 제어한다는 의미로 상생과는 대비 작용이다.

① 목극토木克土

산에 나무를 심어 홍수로 인해 산이 무너지는 것을 막고 나무로 도구를 만들어 사용하니 목극토의 작용이다. 목이 토를 극하지만 토생금하여 목을 견제하니 서로 상이다. 보편적인 방식과 룰이다. 음양에 따라 다르다.

② 토극수 土克水

물이 범람하는 것을 막아 주는 역할을 한다. 수는 수생목하여 목으로 토를 견제한다. 내 방식으로 취하는 세상이다.

③ 수극화 水克火

물이 없으면 농작물이 죽으니 수극화를 통해 질서를 유지한다. 화생 토로 수를 견제하여 신분 상승한다. 수직적인 것으로 이해득실을 따지는 것이다.

④ 화극금 火克金

쇠붙이를 제련하여 필요한 용기로 만든다. 불을 만나지 못한 쇠는 쓸모없으니 화극금의 전문적인 작용이 필요하다. 내 의지로 이루려는 현실적인 목표이다.

⑤ 금극목 金克木

나무가 웃자라거나 잔가지만 무성할 때 정리하여 나무를 품격 있게 한다. 웃자라면 자신감은 있으나 실속이 없으니 객관적이고 실족적인 금극목의 작용으로 한 단계 성장한다. 수평적인 극으로 함께하는 것이며 자신을 깨닫는 것이다.

이처럼 오행 생극의 본질적 의미는 죽이거나 살리는 것이 아니며 길흉의 개념과 다르다. 상극이라고 무조건 나쁘고 상생이라고 해서 무조건 좋은 것이 아니다. 생극의 조화가 필요하며 극이 과하면 생이 필요하고, 생이 과하면 극이 필요한 것이 세상의 이치이다.

4장

한글소리작명법의
간지별 특징

1

한글 오행의 특징

한글에 음양오행의 기운이 있음을 앞에서 살펴보았다. 갑목은 처음 나온 것이라 이것저것 관심이 많아 일을 벌이고, 을목은 누군가에 기대려 한다. 병화는 자기가 타인을 돌보아야 되는 줄 알고, 정화는 자기보다 남이 원하는 대로 한다. 무토는 여러 가지를 조율하고 중화하며 연결하고, 기토는 세상과 타협하고 처세한다. 경금은 사건 사고를 해결하고, 신금은 무엇이든 모은다. 임수는 미지에 대한 모험을 하고 계수는 자기가 익숙한 것만 한다. 이처럼 각 오행은 특징이 있다. 목은 여러 가지 일을 벌이지 않고 꼭 해야 할 일만 하는 습관을 들여야 하고, 화는 타인의 조언을 받아들이는 것이 필요하고, 토는 상황을 맞는 깨달음으로 우유부단함을 버려야 하고, 금은 맞는 말이라도 상대에게 상처되는 말을 하지 않는 습관을 들여야 하고, 수는 스스로 만족할 줄 알아야 한다. 다음은 작명에 활용하는 오행의 구체적인 특징이다.

(1) 목木

목木(곡직曲直) 가지다			
갑목甲木 · 양陽		을목乙木 · 음陰	
ㄱ · ㅏ · ㅐ	직直 · 수직	ㅋ · ㄲ · ㅑ · ㅒ	곡曲 · 굽다

생명을 상징하며 위로 오르려는 기운으로 화를 향하며 희망적이며 낙천적이다. 솔직한 편으로 앞장서려는 기질이 있어 리더가 되고 싶어 한다. 주변 환경에 따라 결과가 흐지부지되기도 한다. 나와 내 영역이 중요하고 본능적인 것과 편하고 즐겁게 살려는 성향이 있다. 목이 약하면 자신감이 부족하고 강하면 건방져 보인다. 성취를 위해서는 동기부여가 필요하고 금金(7 · 8)이 있어야 목적이 생긴다. 씨앗이 생명 활동을 멈추고 저장된 상태에서 움직임이 시작되므로 위로 강하게 오르는 모습이다.

(1)

1. 활동과 경쟁력이 강해 7 · 8이 있으면 큰일을 이룬다.
2. 사회성이 발달하였으며 끈기 있고 튼튼하다.
3. 조건화된 도움이며 좋은 평을 받는 처세가이다.
4. 좋은 재목이지만 작은 것에 욕심부리면 결과가 없다.

5. 실력과 권위가 뚜렷해져 리더가 될 수 있다.

6. 이해력이 좋고 명석하며 학문과 예술 방면에 탁월하다.

(2)

1. 경쟁 상대이다. 도움이 안 되며 주변 화합도 어렵다.

2. 1을 이용하기도 하며 귀인의 조력을 받기도 한다.

3. 정관 8의 구조에 의해 재능의 향방이 다르다.

4. 정인 0이 있으면 예능계에서 경영 수완을 발휘한다.

5. 숨은 실력이 드러나지 않으나 수완으로 부를 이룬다.

6. 활인업이 좋으며 상향지기를 도와주면 능력 발휘한다.

(3·4) 목의 생명력을 화로 확장하여 전환한다. 밝고 화사함으로 인기
　　　가 있지만 늘 경쟁과 도전해야 하는 삶이다.

(5·6) 순수하고 솔직하면서도 예민하다. 교육과 인연이 많으며 오지
　　　랖 많고 봉사하는 마음이다.

(7·8) 이론보다는 실전에 강하다. 해결사, 금의 마무리와 목의 시작으
　　　로 일을 해결하려 한다. 잘 벌고 파재도 빠르다.

(9 · 0) 창조력이 뛰어나다. 예술적이며 교육적이다. 기발한 상상력과 아이디어로 본인이 이룩한 것을 지켜야 한다.

(2) 화火

화火(염상炎上) 경험하다			
병화丙火 · 양陽		정화丁火 · 음陰	
ㄴ · ㅜ · ㅟ	상上 · 분산	ㄷ · ㄹ · ㅌ · ㄸ · ㅍ	염炎 · 수렴

　진취적으로 예의와 분별력이 있으며 말주변이 좋고 강단이 공존한다. 경험으로 경쟁에서 실적을 올리며 배경과 높은 학력을 선호한다. 사회적이며 확장성이 두드러지고 유행에 민감하다. 경쟁심이 강해 비난받으나 위계질서를 지킨다. 화가 약하면 소심해져 시키는 것과 정해진 것만 하고, 강하면 자기 뜻대로 하기 쉽다. 수水가 있으면 자제력이 있어 정의로우며 다방면으로 조절된 팽창을 한다. 겉보기에는 화려하고 명랑하나 허무함을 안으로 감추고 있다. 목에서 시작된 생명 활동이 성장한 청년기다. 화는 빛 작용과 열작용을 구분해야 하는데 주로 병화는 빛으로 작용하고 정화는 열로 작용한다. 이와 반대로 작용한다면 불만족한 결과다.

(1)

1. 적절하지 않으면 제대로 된 실력 발휘를 못 한다.

2. 바른 처신을 하므로 보람 있고 남이 알아준다.

3. 주변 도움이 어렵고 노력 대비 결과가 시원치 않다.

4. 자기 의사가 너무 분명하면 사회생활이 곤란하다.

5. 구조가 좋으면 내 것이며 뜻하지 않은 행운이다.

6. 표현력은 우수하나 잔머리를 굴리면 드러나기 쉽다.

(2)

1. 강하지만 분산을 조심해야 되며 기선 제압이 중요하다.

2. 경험을 이용해 자기의 능력을 극대화해야 한다.

3. 학문을 좋아하나 성취는 쉽지 않다.

4. 끈기와 머리는 좋으나 정관 8이 반드시 필요하다.

5. 열은 곤란하나 빛으로는 충분한 가치가 있다.

6. 자신의 의지대로 되기는 어렵지만 전문성은 있다.

(3·4) 화의 확산하는 성질을 중립적으로 품어서 프로 기질이 강해진다. 자기 본분에 맞게 능숙하게 살아간다.

(5·6) 숙살지기의 강한 성향이 융통성을 발휘하며 연예 계통에 뛰어난 재능이 있다.

(7·8) 예민한 편으로 남의 눈에 잘 띄고 휘발성이 강하여 크게 벌기도 하고 크게 나가기도 한다. 사이버 자산이다.

(9·0) 연예인, 매력 있다. 드러내기 좋아해 경쟁하면서 산다. 쉽게 친해지지만 미움받기도 쉽다. 다채로운 표현이다.

(3) 토土

토土 (가색稼穡) 조율·중화하다			
무토戊土 · 양陽		기토己土 · 음陰	
ㅇ · ㅣ	가稼 · 심다	ㅎ · ㅡ · ㅢ	색穡 · 거두다

음과 양을 모두 아우른다. 조절하는 멈춤, 중화, 중용이다. 상대의 생각과 말을 정리하고 조율하여 상황에 맞게 한다. 목화를 금수로 변화시키며, 목의 발산과 확장을 수렴하고 조절하여 화를 금으로 금화교역한다. 변화하는 중 잠시 멈춘 상태로 어떻게 할 것인가에 대한 갈등으로 고뇌하니 지체되고 머무는 느낌이다. 여러 가지가 섞인 상태로 목화금수의 변화에 마디를 형성한다. 토는 한난조습에 따라 작용이 달라진다. 토가 약하면 중심이 부족하여 무모하고, 토가 강하면 선택 장애가 되니 답답해 보인다.

(1) 화의 경험이 바탕이므로 9·0이 필요하다. 스스로 심판자라고 생각하기 때문에 치유와 힐링이 필요하다. 재성 5·6이나 식상 3·4가 있어야 쓸모 있으며 영리하지만 1·2가 튼튼해야 결과가 있고 뜻을 이룬다.

1. 내 주장이 너무 강하면 실속 없고 뜻을 펴기도 어렵다
2. 타인과의 융합만 해결하면 여러모로 쓰임이 된다.
3. 5·6이 없으면 노력해도 뜻을 이루기 어렵다.
4. 남이 몰라주니 외롭지만 바르고 고고하다.
5. 기상이 뚜렷하다. 3·4가 있어야 뜻을 이룬다.
6. 재능은 많으나 오지랖이 되어 결과가 적다.

(2) 기토의 목적은 금을 생하는 것이다. 정리하고 저장하는 금으로 가는 마지막 단계로 작은 것에 연연하지 않는다. 사람을 잘 믿지 않아서 한 번 눈 밖에 나면 보지 않으려 한다. 확실하고 명료한 듯하지만 쉽게 배신을 당하므로 고뇌가 많다. 포기는 빠르지만 좌절하지 않는다. 3·4가 있으면 정확하고 빠른 판단을 한다. 재가 너무 강하면 감당하기 어려워 문제가 생기고 관성과 인성이 조화되면 큰 뜻을 이룰 수 있다.

1. 일도 많고 욕심도 많지만 진행은 느리다.
2. 식상을 잘 생하면 대인관계가 원만하여 성공한다.
3. 좋은 환경으로 꾸준히 지속하면 전문가가 된다.
4. 경쟁적 환경이지만 관성 7·8이 조화되면 성공한다.

5. 식상 3·4가 너무 강하면 목적을 이루기 어렵다.
6. 간섭이 과하면 오히려 노력에 비해 결과가 약하다.

(3·4) 결실과 마무리가 습관이 되어 실속 있다.

(5·6) 활동력과 뛰어난 인지력으로 위기 대처력이 좋다.

(7·8) 부동산 자산가가 많으며 재물이 풍부하다. 진취적이라 사회생활을 잘하지만 과욕으로 펼치나 마무리가 약하다.

(9·0) 마음이 넓고 자애로워 기르고 보살피는 것을 좋아한다. 변덕은 많으나 익숙해지면 기술력이 좋아진다.

(4) 금金

금金(종혁從革) 인식하다			
경금庚金·양陽		신금辛金·음陰	
ㅅ·ㅓ·ㅔ	종從·따르다	ㅈ·ㅊ·ㅉ·ㅔ·ㅖ	혁革·혁신

숙살 기운으로 공적인 학력이나 스펙보다 책임감과 개인 실력을 중시한다. 자기반성을 통한 지혜와 교훈으로 스스로 마음을 다스린다. '양'

기운을 포장하고 분리하며 수축한다. 재성이 있으면 자신을 돌아볼 줄 안다. 금이 약하면 감당하기 어려운 일을 만들고, 강하면 건강을 돌보지 않고 일만 한다. 7·8이 없으면 우유부단하여 귀함이 없고 7·8이 너무 강하면 융통성이 부족하다. 3·4가 없으면 활동력이 부족하다. 목화의 성장을 토는 수렴하고 금은 다시 포장하고 분리하여 수 기운으로 저장하기 위해 넘긴다.

(1)

1. 재財에 대한 과한 경쟁으로 겁재 성향이 있다.
2. 본성을 겉으로 지나치게 보이면 도움과 실속이 없다.
3. 적당하면 재능은 발휘하지만, 직장 생활의 어려움 많다.
4. 독단적이나 외강내유하니 내실을 갖추면 인정받는다.
5. 지식의 흡수가 뛰어나 실력을 발휘한다.
6. 적은 노력으로 큰 결과를 얻으려 한다.

(2)

1. 재주는 좋으나 과한 경쟁은 좋은 기회를 놓친다.
2. 자기가 최고라 생각하므로 교만하고 왜곡이 많다.
3. 자신의 재능과 능력을 드러내어 뜻을 펼치려 한다.
4. 꾸준하지 않으면 인덕과 재를 보호하기 어렵다.

5. 일관성이 부족하여 실속 없고 임기응변이 많다.

6. 정관 8이 있으면 재능을 발휘하고 인정을 받는다.

(3·4) 하나로 단단하게 응축한다. 지혜와 통찰력이 있다. 건강에 신경 써야 한다.

(5·6) 확실한 것을 좋아하나 융통성 부족으로 분쟁 해결이 어려우며 투쟁적이다.

(7·8) 금화교역으로 혁신적 변화이다. 새로운 가치를 부여하며 스타성은 있으나 계산적이다.

(9·0) 촌철살인, 냉정, 깔끔한 일 처리, 사회적인 문제나 정치평론을 잘하지만 항상 말조심을 해야 한다.

(5) 수水

수水(윤하潤下) 결과다			
임수壬水 · 양陽		계수癸水 · 음陰	
ㅁ · ㅗ · ㅚ	하下 · 응축력	ㅂ · ㅍ · ㅃ · ㅛ	윤潤 · 성장 촉진

생각이며 완성이다. 목화토금의 과정을 겪으며 단련되니 최소의 투자로 최고의 결과를 얻으려 한다. 비밀스러우며 재산 증식에 관심이 많다. 사람 다루는 능력이 뛰어나며 미래를 위한 계획을 잘 세운다. 자기 생각은 수단과 방법 가리지 않고 주장한다. 재성이 있어야 세상과 활발히 소통한다. 목화토금의 과정을 거치면서 경험과 지식을 수렴하고 저장하여 정보를 가공하고 분석하여 내 것으로 만든다.

수가 약하면 요령 부족으로 헛수고가 많고, 강하면 너무 요령을 부려 타인의 눈 밖에 나기 쉽다. 임수는 지식, 계수는 지혜로, 지식을 모아 확장시키는 것은 임수이고 디테일해지면 계수다. 임수는 누구나 아는 지식으로 증명된 것이며, 계수는 종교, 인문학, 불규칙성, 파동이다. 일반적으로 잘살려면 임수가 유리하다. 수와 화는 토가 있어야 사물을 보는 능력이 생기며 본인을 인식할 수 있다.

(1)

1. 총명하나 완급 조절을 잘해야 좋은 결과가 나온다.
2. 겁재성이 강하므로 식상생재를 잘하면 대성한다.
3. 리더십과 재능을 갖추었으니 비겁의 조화가 중요하다.
4. 과욕은 금지며 9 편인이 있으면 뜻을 펼칠 수 있다.
5. 재능이 있으며 7·8의 향방에 따라 작용이 달라진다.

(2)

1. 우울해지기 쉬우나 정관 8이 있으면 좀 낫다.

2. 본성을 잃고 과격해지면 건강이나 재산을 잃는다.

3. 기르기 좋은 조건으로 관인상생이 되면 좋다.

4. 조직 생활이 잘 맞으므로 사업보다 직장이 유리하다.

5. 정관 8이 있으면 다방면으로 재능을 인정받는다.

6. 표현력이 탁월하고 지능이 높다.

(3·4) 창조력이 뛰어나다. 연구, 교육이며 지나치게 나서는 성향을 조절해야 성공한다. 온고지신이 필요하다.

(5·6) 꼼꼼하고 차분한 수와 밝은 화가 만나서 사회생활을 잘한다. 유흥, 밤과 관련된 직종과 잘 맞다.

(7·8) 중재 역할을 바탕으로 재물을 모은다. 돈을 벌어도 내색을 잘 안 한다. 분산투자의 귀재다.

(9·0) 현실주의자, 지혜롭고 명석하며 질 높은 정보가 많다. 조용하여 식상의 특징이 잘 나타나지 않는다.

⑹ 한글 오행이 부족할 때의 특징

① ㄱ·ㅋ·ㄲ(ㅏ·ㅑ·ㅐ·ㅒ)

본 것을 그대로 이해하지 않고 자꾸 왜곡한다. 딱히 하고 싶은 것이나 애착이 없으며 진취적인 기상이 부족하고 계획성 없이 흐르는 대로 살려고 한다.

② ㄴ·ㄷ·ㄹ·ㅌ(ㅜ·ㅠ·ㅟ)

성장성과 펼치는 것이 약하다. 융통성과 경험이 약하며 예의가 부족해 겸손과 상하의 기준을 몰라 시작하고 진행하는 것을 어려워한다.

③ ㅇ·ㅎ(ㅣ·ㅡ·ㅢ)

타인과의 융화와 조율에 약하고 분별력이 부족하다. 'ㅇ'은 반복하여 익숙해지는 것이고 'ㅎ'은 익숙해진 것을 발전시키는 것인데 없으니 내가 뿌리내릴 곳이 없어 늘 불안하다.

④ ㅅ·ㅈ·ㅊ(ㅓ·ㅕ·ㅔ·ㅖ)

익숙해질 때까지 참고 견디지 못하므로 제 역할을 못 한다. 의도하지 않게 타인에게 피해를 준다. 생각만 있고 계획이 없어 중도 포기로 결실이 없으므로 책임 의식도 없다.

⑤ ㅁ·ㅂ·ㅍ(ㅗ·ㅛ·ㅚ)

상황 판단이 약하며 자기 것을 잘 못 챙긴다. 휴식 없이 열심히 하는데 결과가 약하여 남보다 더 노력해야 한다. 대부분은 자기방어가 약하다.

2

천간 고유수의 특징

(1) 갑甲(4년)

굳센 기세다. 연도 숫자의 끝이 4로 끝난다. 봄을 시작하는 기운으로 겨울에 씨앗으로 보관되었던 기운이 겨울 언 땅을 뚫고 나오는 것이다. 강한 생명력과 의지로 전진한다. 좋게 작용하면 인자함과 정직한 실행력이고 흉하게 작용하면 막무가내 고집과 질투를 동반한 좌절이다. 주관이 약하고 인색하면 속기 쉽다. 존중받는 것을 좋아하고 타인에 대한 개념이 약하다. 응축되었던 수에서 처음 나와서 경험하지 못한 것을 겪는 것이므로 모방을 잘하고 스펀지처럼 쉽게 흡수되며 보이는 대로 믿는다. 판단력은 약하지만 칭찬해 주면 더 잘하려고 노력한다.

① (1 · 2) 비겁

자기 뜻을 관철하려는 기운이 강하다. 순수한 노력으로 타협이 필요하다. 자립심이 강하고 통솔력과 배짱이 좋아 리더에게 잘 맞다. 융통성은 부족하지만 3 · 4가 적당히 있으면 좋아진다. 외로움을 타면서도 독선적이라 대인관계가 좋지 못하다. 1 · 2가 부족할 때는 좋지만 강할 때는 도움이 안 된다.

② (3 · 4) 식상

자신감과 대범함으로 환경에 동요가 없으며 수단이 좋으나 정착은 어렵다. 말주변이 좋고 명랑하며 멋을 낼 줄 안다. 예능, 기술에 재주가 좋으며 현실 안주보다 미래를 위해 노력한다. 주고받는 것을 좋아하고 다정하고 창의적이다. 총명하지만 자만심의 과격한 말로 송사를 일으키기도 한다.

③ (5 · 6) 재성

소신 있는 자신감으로 자기중심으로 일을 추진하며 뽐내고 싶은 마음에 무리한 일도 한다. 사교적이며 뛰어난 판단력을 가졌으나 독선적이며 직설적이다. 풍류를 즐기나 편집증과 결벽증이 있다. 지는 것을 싫어하고 좋은 말만 듣고 싶어 하지만 인정은 많다. 9 · 0의 구조가 좋으면 학문적 소질이 뛰어나다. 현실적인 결과를 중시하며 분명하고 냉정한 판단력과 소유욕으로 최고가 되려 노력한다.

④ (7·8) 관성

소신 있고 듬직하며 대범하여 속으로 중심을 잡고 큰 뜻을 품고 있는데 친한 사람에게만 드러내며 자기 과신으로 타인을 무시하는 성향이 있다. 융통성 부족으로 부부간에도 양보하지 않아 다툼이 많다. 위기 탈출에 능하며 자기 판단으로 정당하면 나서지만 정당하지 않으면 물러선다. 신뢰와 실속 있는 적응력으로 상황에 따라 처신한다.

⑤ (9·0) 인성

사리 분별력이 뛰어나고 직선적이며 자기 확신이 강하다. 인정과 덕이 많아 자기 마음에 들면 잘한다. 높은 뜻의 강한 승부 기질이 있다. 하나에 만족하지 않고 허황하게 점잖은 척 으스대기도 한다. 열정과 배려하는 마음이 있으며 순수하고 창의적이다. 정이 많아서 주변의 꼬임에 쉽게 빠질 수 있다.

(2) 을乙(5년)

어린 나무, 넝쿨 식물로 비유되며 갑목의 뒤를 이어 봄이 조금 더 강해지고 성숙한 상태다. 가지에 곁가지와 나뭇잎이 무성하게 나오는 모습이며 갑목에 이어 더욱 성장하는 활발한 기운으로 갑목에 비해 부드러우나 외유내강이다.

① (1·2) 비겁

새로운 환경에 적응하려고 노력한다. 리더보다는 참모형이다. 조직 생활에 적응하기 어렵지만 궤도에 오르면 잘 적응한다. 음지에서 성공하는 경우가 많으며 상대가 자기보다 훌륭하다고 판단되면 스스로 알아서 고개를 숙인다. 경쟁심이 강하지만 불리하면 한발 물러설 줄도 안다.

② (3·4) 식상

명랑하고 사교적이지만 소극적이라 주어진 일과 관심 분야에만 노력하여 목표를 이룬다. 자신에게 이로운 일은 실속 있게 적응한다. 단순하고 순수하여 작은 것에도 감사하며 음식 솜씨가 좋은 편이다. 존경하는 사람을 이성으로 느끼지만 존경심이 사라지면 오히려 무시하고 흉본다. 허영심이 있으며 자유로운 삶을 추구한다. 정이 많아 주는 것을 좋아하지만 준 만큼 돌려받지 못하며 성실하지만 대우받기 어렵다.

③ (5·6) 재성

내성적이지만 거시적인 공간개념으로 자신에게 유리하게 할 줄 안다. 말솜씨는 좋으나 불필요한 잔소리가 많으며 말이 앞서고 끝맺음이 약하다. 소유욕이 강하나 9·0이 없으면 게을러서 자기 것을 지키지 못한다. 본인은 안 하면서 뒤에서 남을 시킨다. 소외감으로 인한 불만이 많으며 지나치게 신중한 면도 있다. 무모한 자신감과 실속 사이를 갈등한다.

④ (7·8) 관성

필요하면 힘들더라도 참고 버티며 실속 있게 처신하지만 속마음은 감추지 못한다. 신경쇠약이나 히스테리가 많아 작은 일에도 화를 내며 스스로 센 척한다. 타인을 의심하므로 좋은 친구가 없어서 외로움을 탄다.

⑤ (9·0) 인성

배려와 사교성이 좋으며 탁월한 상황 판단력을 가졌지만 자기만의 세계에 빠질 수 있다. 현실에 민감하므로 눈앞의 이익에 따라 움직이기도 한다.

(3) 병丙(6년)

두루 만물을 비추므로 분산되고 퍼지는 기운으로 직접 행동하며 자긍심이 있다. 좋게 작용하면 공경심과 겸손함, 공공을 위한 봉사이고, 반대면 급한 성격과 쓸데없는 간섭이다. 화려한 것에 지나치게 집착한다.

① (1·2) 비겁

강 대 강, 약 대 약의 성향이다. 중심이 바로 서야 하며 체면 때문에 화가 나도 참는다. 냉정하지만 내면은 착하다. 말솜씨가 좋고 예의 바르며 이중성이 있다. 칭찬하면 좋아하고 개방적이나. 냉낭하며 경쾌하여 다방면으로 수단이 좋다.

② (3·4) 식상

창의적인 집중력으로 새로운 아이디어를 내며 결과가 좋다. 체면과 명예 때문에 무리해서라도 이루려 한다. 화끈한 성격으로 즉흥적이라 침착함과 담담함이 필요하다. 자기 생각을 흑백논리로 강하게 표현하므로 사람이 없어 고독하다.

③ (5·6) 재성

판단력은 빠르지만, 열정이 지나쳐 차분함이 필요하다. 일 처리가 명확하며 꾸준히 한 가지 일에 집중한다. 변화가 많아 직업이 자주 바뀌며 재물 운용력이 좋다. 임기응변이 좋아 상황 대처에 능숙하다. 솔직하지만 감정의 변화가 많아 구설이 많다. 아는 것에 비해 잘난 체하므로 실수가 많다.

④ (7·8) 관성

옳다고 생각하면 굽히지 않는다. 책임감으로 소신을 굽히지 않는 날카로움 속에 인간적인 면도 있다. 고지식하고 지나친 조심성이 단점이며 건강은 좋지 않다. 신분 상승을 위해 관을 이용하며 남자는 배우자를 이용해 성취하려고 한다.

⑤ (9·0) 인성

포용력과 분명한 사리 판단으로 소신을 지키지만, 이분법적인 판단은 조심해야 한다. 아집과 욕심으로 사랑받고 싶지만 변덕이 심해 초지일 관이 필요하다. 명랑 쾌활한 것은 좋지만 분주하므로 자제력이 필요하 다. 여자는 똑똑하고 재주가 많지만 남편 덕이 부족하다. 자신이 옳다고 생각하면 수용하나 아니다 싶으면 강하게 거부한다.

(4) 정T(7년)

만물을 따뜻하게 하는 공공 이익을 의미한다. 정T은 강건함이니 외유 내강으로 병화보다 열정이 더 강하다. 신비로움을 좋아하는 비현실주의 자로 의심과 질투가 많으며 신경과민이 많다. 신뢰가 무너지면 보지 않 는다. 적당하면 긍정적 사고를 하지만 과하면 이중적인 면도 있다.

① (1·2) 비겁

외유내강이며 뜻을 이루기 위해서는 폭발적인 면도 있다. 인정이 많 아 남들과 어울리는 것을 좋아하고 잘 베푸나 본인은 외로움을 탄다. 우 유부단한 성격이라 상대방이 싫증 내기 쉽다. 자존심이 강하며 스스로 고독을 즐기므로 혼자 있는 것을 좋아하고 고상한 것을 선호한다.

② (3·4) 식상

실속적인 현실감과 명예에 대한 갈망으로 목표가 정해지면 열정을 쏟는다. 말주변이 좋고 풍류를 즐기며 즉흥성이 강해 배우자가 불만이 있으며 남자는 부인을 무시한다. 심신이 약한 편이며 칭찬받는 것을 좋아한다. 순진하며 경쟁과 투쟁을 싫어한다. 열심히 살지만 노력 대비 결과는 만족스럽지 못하고 좋아하는 사람과 아닌 사람의 차별이 심하다.

③ (5·6) 재성

착하고 친화력이 있는 재능으로 즐겁게 살아가며 합리적인 사고방식을 가졌다. 미적 감각이 있으며 튀는 것을 좋아하고 열정적이다. 인내력과 위기 대처력은 부족하다. 외로움을 잘 타며 타인에 대한 배려는 많지만 소유욕이 강하다.

④ (7·8) 관성

통제에 강하게 대항한다. 냉정하지만 속정이 깊어서 따뜻하고 합리적인 소신이 있다. 칭찬받는 것을 좋아하고 사람을 골라서 사귄다. 교양 있게 보이는 것을 좋아하고 품위를 잃지 않으려고 노력한다.

⑤ (9·0) 인성

봉사와 희생심과 측은지심은 있지만 좋고 싫음의 구분이 심하다. 여러 직업을 가지는 경우가 많으므로 직업과 취미의 조화가 필요하다. 아는 체가 많으며 다툼이 생기면 계획적인 폭력을 행한다. 윗사람이 예뻐하나 예의는 부족하다.

(5) 무戊(8년)

신비하고 강하다. 목화木火의 발전에 이어 잠시 멈추는 기운으로 넉넉한 포용력이다. 좋게 작용하면 성실한 책임감과 인자한 자비며, 반대는 논리성과 표현력 부족이다. 자기주장이 강하며 본인은 사치하면서 남에게는 인색하다.

① (1·2) 비겁

만물을 키우고 지키는 토土라 큰 땅, 큰 제방이다. 경영, 교육, 건축물을 의미하며 중개 역할을 한다. 마음은 넓으나 행동이 느리며 무모한 면이 있다. 배려심이 부족하며 지나친 의심으로 인연이 바뀌기도 한다. 강한 소유욕과 지기 싫어하는 근성으로 차근차근 자기의 뜻을 이룬다.

② (3·4) 식상

변함없이 묵묵히 주어진 일에 충실히 한다. 의식주가 풍족하며 내면적으로 냉정함과 부정적인 사고방식이 있다. 잘 베풀지만 이기적으로 보여 불쾌감을 주므로 배려하는 마음을 가져야 무난한 삶을 산다.

③ (5·6) 재성

최고의 기질로 미래지향적이다. 순박하고 실속적인 적응력으로 현실에 충실하고 공평하다. 타협심이 약하여 굽힐 줄 모르며 점잖은 척하지만 속은 냉정하다. 돈 욕심도 없는 척하지만 그저 들어오는 돈을 좋아하며 인색한 편이다.

④ (7·8) 관성

균형 있는 소신으로 사소한 것에 연연하지 않는 대범함이 있다. 화끈하지만 모가 난 사람이 많다. 명예를 중시하며 영웅적인 자질을 가졌다. 내가 강하면 마음이 크고 편하지만 약하면 그것을 감추기 위해 난폭해진다. 자존심이 강해 잘못을 인정하지 않으며 폭력적이라 두려움을 준다. 사교성이 좋은 쪽으로 발현되면 합리적이고 원만한 대인관계로 처신한다.

⑤ (9·0) 인성

신중한 소신과 강직함으로 중립적인 훌륭한 리더로서 합리적인 사고를 한다. 결혼은 늦은 편이며 배우자를 먹여 살리거나 나이 차이가 많은 사람 등, 나보다 부족한 사람을 배우자로 만날 가능성이 높다. 기본으로 베푸는 마음과 자존심이 강하여 자신을 과신한다. 통은 크지만 감정 변화가 심하다. 과하면 정신질환에 시달리기도 하며 인덕이 적다.

(6) 기己(9년)

온건하고 포근하다. 무토戊土의 조절 작용을 이어서 화기火氣를 눌러 가을을 탄생시킨다. 기토己土가 없으면 영원히 폭발만 할 것이다. 결실을 위해 일어서는 모습이다.

① (1·2) 비겁

합리적인 성격으로 매사 정확하고 착실하다. 인내심과 봉사심으로 모범이 된다. 최선을 다하며 건강한 정신을 가졌고 고지식하여 말주변이 부족하다. 고집이 세어 자기주장을 굽히지 않고, 자기가 틀린 줄 알면서도 우기는 면은 있지만 순진한 편으로 불쌍한 사람을 보면 그냥 지나치지 못한다.

② (3·4) 식상

측은지심과 순수함으로 베풀지만 주고도 원망을 듣는 경우가 많다. 여자는 단순하고 순수하지만 남편 덕이 없는 편이다. 부정적인 사고방식으로 우울한 면도 있으나 대체적으로 긍정적이며 온순하다. 소유욕과 승부욕이 강한 편이며 타인에게 받은 상처는 잊지 않는다. 신경과민과 가정폭력에 시달리는 경우가 있다. 현실적이며 표현이 분명하고 냉정하지만 속정이 깊어 약자를 배려한다.

③ (5·6) 재성

실속적인 현실감과 상황 판단력의 공간 감각이 좋아 조직 생활과 대인 관계가 좋다. 정확하고 합리적인 성격으로 인내심이 강하다. 어떤 일이든 최선을 다하며 건강한 정신으로 고지식하나 모범적이다. 배반을 잘 당하지만 기다리기도 잘하여 부하 직원으로 두기에 좋다.

④ (7·8) 관성

주변 환경과 잘 동화하며 성실하고 현실적이라 자기가 해야 할 일에 충실하다. 깨끗한 것을 좋아하고 자존심이 강해서 지기 싫어하나 끈기가 부족해 뒤처리가 약하다. 나쁘게 작용하면 남자는 호색하고 여자는 집에서 편히 살 수 없고 직업전선에 나간다. 좋게 작용하면 현실감각이 뛰어나 상황 대처가 좋으며 목표를 위해 자신을 잘 컨트롤하여 이룬다.

⑤ (9·0) 인성

단호하고 합리적인 경쟁심과 섬세한 현실감으로 현명하게 대처한다. 의리를 중시하며 신중한 판단력과 인정으로 눈치가 빠르다. 비축하는 마음과 자신을 숨기는 이중적인 성격이 함께 발달한다. 겸손의 덕은 있으나 결단력이 부족하다. 내성적인 편이라 부끄러움이 많아 혼자 있는 것을 좋아하고 사람을 가려서 사귀므로 고독하다. 성격은 좋으나 평범하지는 않다. 가정은 평탄한 편이며 집 안을 꾸미는 데 능숙하다.

(7) 경庚(0년)

강한 결단력으로 목화의 성장에 이어 토의 중화를 지나 수축하려는 기운으로 견고함을 추구한다. 좋게 작용하면 용감하고 총명하며 야무진 결단력과 판단력이 있다. 좋지 않게 작용하면 상대방과 타협할 줄 모르고 권력과 명예를 너무 중시하여 무리한 방법으로 일을 진행시켜 실패가 많다.

① (1·2) 비겁
원칙주의자로 자기 말이 법이라고 생각하고 모든 일에 군인 정신을 강조하는데, 받아 주는 사람이 드물다. 다만, 7·8의 구조가 좋으면 지위가 높아진다. 남자는 여자보다 돈을 더 좋아하며 사업성은 높은 편이다.

② (3·4) 식상
듬직한 초지일관의 모습으로 어려움이 있어도 포기하지 않고 이루어

낸다. 성실하고 현실적이나 자신의 의지를 너무 강하게 표현하여 상대가 무시당하는 느낌을 받을 수 있다. 인정은 있지만 의심이 많으며 주로 부정적인 시각으로 자기만의 판단을 우기므로 타인과 어울리기 어렵다. 대화에서 너무 논리성만 바라므로 타인이 꺼린다. 미남, 미녀가 많고 예술과 문화를 좋아하며 개성 있다. 재주가 뛰어나고 순수하며 용기가 있으나 무모하지는 않다.

③ (5·6) 재성

열정적이며 강한 사리 분별력으로 결단력 있는 리더다. 통이 크고 돈에 대한 욕심과 관심이 많다. 출세를 지향하며 정정당당한 사업을 원한다. 사소한 것에 연연하지 않고 대범하다. 바른 마음과 투기심의 양면성이 동시에 있다. 급한 성격으로 타인과 화합이 어렵다. 정의로우나 양보심 없는 오기와 이기심으로 주변과 자주 다툰다. 배려심 있는 냉철함과 단호함으로 마무리하고 정리하는 능력은 좋다.

④ (7·8) 관성

미래지향적이며 순수하지만 최고가 되고 싶은 마음이 강하다. 어린 기질인 반면 강하고 소신 있는 면을 보이며 자신의 뜻을 관철하기 위해 애쓴다. 적응력은 강하나 냉정하여 감정을 잘 드러내지 않고 자기희생적인 처신을 한다.

⑤ (9·0) 인성

이성적이며 유연하지만 목표를 위해서라면 시간이 걸려도 포기하지 않는다. 사교적이며 주변 적응은 잘하지만 자아의식이 너무 강하다. 언변이 뛰어난 리더로 잘못을 인정하는 용기는 있으나 물불을 가리지 않는 기질은 순화해야 한다.

(8) 신辛(1년)

작고 예쁜 것을 상징하며 가치를 매기는 역할을 하고, 매울 신辛의 의미이다. 가을 곡식을 수확하니 결실의 때. 추수한 후 자연에 감사하고 제를 올리는 모습이다.

① (1·2) 비겁

예리한 판단력과 정의감으로 냉정하고 쌀쌀하게 보인다. 강경하여 가족 간에 불화가 많다. 리더십을 발휘하지만 실제로는 강한 척일 경우가 많다. 의심이 많으며 이성에 대한 감정도 상대에게 존경할 만한 특별한 점이 있어야 생긴다.

② (3·4) 식상

성실하지만 강한 경쟁심으로 반드시 이기려 한다. 평소에는 무던한데 가끔 상처를 주기도 한다. 사랑받는 것과 칭찬받는 것을 좋아하지만 이기적이라 자기만 옳다고 우기기도 한다. 좋고 싫음의 구분이 심하며 의심이 많고 독립성이 강하여 남과 잘 어울리지 않으면서 만인의 연인이기를 원한다. 논리적이고 예술을 좋아하며 자신을 능숙하게 가꿀 줄 안다. 냉정해서 고독을 자초하지만 일 처리는 정확하게 한다.

③ (5·6) 재성

확신으로 상대를 압도하여 자신의 뜻을 펼치려 한다. 합리적이며 열정적이고 배려심이 강하며 재물에 대한 원초적인 욕심이 있다. 작은 돈으로 주위 사람을 힘들게 하며 냉정하여 습관적으로 상대를 의심한다. 작은 일에 목숨 걸며 가정적인 편이나 아내에게 화풀이한다. 자존심이 강하며 까탈스럽고 강자에게 약하고 약자에게 강하다. 냉정한 판단력의 경쟁심이 정확하고 빈틈없는 성격으로 결과에 집착한다.

④ (7·8) 관성

실속적인 냉정함으로 주어진 삶에 순응하며 소신을 지키려는 강박관념이 강하다. 잘난 척하는 천방지축 기질을 내면의 경쟁심이 조절한다. 차갑고 냉정하며 음흉하면서도 착실하고 합리적이다. 판단력은 빠르나 이익에 민감하여 무리한 일은 추진하지 않는다.

⑤ (9·0) 인성

사교적이지만 스스로 인정되지 않으면 받아들이지 못한다. 상황에 따라 변하며 남 칭찬에 인색하다. 세상에 대한 이해력이 부족하기 때문에 세상을 보는 시야가 좁으며 남이 자기를 알아주기 바란다. 자기주장이 강하지만 허풍이 있어 믿음이 안 간다. 외부 의견을 잘 받아들이지 않으면서도 귀가 얇아 배반을 잘 당하여 스스로 못났다고 자학하기도 한다.

(9) 임壬(2년)

지혜를 의미한다. 임신할 임妊으로 생명 창조의 기운이다. 겨울, 씨앗을 의미하며 만물이 순환적으로 상생되도록 하며 천간 순환의 마무리 단계다. 쉬어 가는 사색이며 지혜롭고 유연한 깊이가 있다. 학문과 예술적 재능이 있으나 독단적이며 냉정하고 오만한 단점이 있다.

① (1·2) 비겁

화가 나면 물불을 가리지 않으며 추진력과 승부욕이 강하다. 조화가 깨지면 이중성을 나타내기도 하는데 3·4가 있으면 중화된다. 명예로움을 좋아하고 그렇게 살기 때문에 성공하면 과거의 자신은 잊고 건방지고 도도해질 수 있다.

② (3·4) 식상

강한 자신감과 대범함으로 주변과 관계없이 가야 할 길을 차분하게 간다. 소신 있는 집중력으로 냉철하고 이성적이다. 남을 위한 배려로 스스로 절제하고 인내한다. 말재주가 좋고 잔소리와 의심이 많지만 사교술은 좋다. 욕심 없는 듯 행동하지만 실은 욕심이 많으며 비관적인 마음이 있어 타인이 알아주지 않는다는 불만이 있다. 신경쇠약과 우울증을 조심해야 하며 성급한 판단은 실수가 많으므로 지혜롭고 신중하게 판단하는 연습이 필요하다.

③ (5·6) 재성

밖으로 드러나지 않는 알부자가 많다. 중재 역할에 능한 리더십이 있어서 자기 의지와 판단을 믿고 조용하고 은근하게 끝까지 밀고 나간다. 현실적인 균형감과 집중으로 세밀한 부분까지 놓치지 않는다.

④ (7·8) 관성

배려심과 이성적 균형감으로 일관된 처신을 한다. 직선적인 분별력으로 한번 옳다고 믿으면 타협하지 않는다.

⑤ (9·0) 인성

이면을 먼저 생각하며 필요한 것 외는 관심이 없고, 필요한 것은 자기 것으로 만든다. 이중성, 합리성, 소심성이 동시에 있으며 흑백논리에 빠지는 것을 조심해야 한다. 자존심으로 아는 척, 점잖은 척한다. 선악이 극단적이며 과한 생각으로 우울증이 있다. 편히 살려는 마음이 강하며 만족이 없다.

(10) 계癸(3년)

지혜와 씨앗을 의미하며 천간 순환의 마무리 단계로 헤아린다는 의미도 있다. '갑'으로부터 시작하여 '계'로 이어 온 천간의 각 단계를 보는 성찰의 모습으로 다음 갑을 위해 계획을 하는 것이므로 수렴의 기운이 가장 강하다.

① (1·2) 비겁

지혜롭고 섬세하며 변화에 대한 적응력이 좋아 임기응변에 능하며 끈기 있다. 참모 역할에 잘 어울린다. 내성적으로 해야 할 일을 묵묵히 알아서 한다. 합리적이며 이성적이다.

② (3·4) 식상

내성적이나 붙임성 있어서 타인을 설득하는 사교성이 좋다. 밖으로 내색하지 않으나 목표를 위해서는 집요하다. 학사, 수사관, 외교관 등이 적합하다. 동기부여가 필요하다.

③ (5·6) 재성

성실하며 현실감이 뛰어나다. 지식과 관련 있으며 야간과 관련 있다. 지식 시스템을 유통하고 확대하는 것으로 재무관리에 능하다. 신뢰성 있는 공정함으로 훌륭하게 일 처리를 하지만 너무 쫀쫀하다는 단점이 있다.

④ (7·8) 관성

배려심과 절제력으로 스스로 인내한다. 가끔 성급한 결정의 오류가 있지만 지혜로 결국은 제대로 된 판단을 한다.

⑤ (9·0) 인성

지극히 실속적이며 현실적이다. 지식 활용 능력이 뛰어나서 공부를 잘한다. 신중하지 못하고 성급한 단점이 있으며 우울증을 조심해야 한다.

3

지지 고유수의 특징

천간은 공간을 의미하고 지지는 시간을 의미한다. 지지는 계절의 의미가 강하므로 명리처럼 깊게 살피지는 않더라도 계절적인 특성과 지지의 변화 정도는 참고해야 한다. 12개월, 1년의 기운이 모여서 12년의 기운이 순환한다. 그러므로 오행의 생극은 간지에 따라 차이를 두어야 한다.

49 557 06 干 (1974년 갑인생甲寅生 부 성례)

49 557 06 支

1974년은 갑인甲寅년으로 간지가 같아 그 기운이 아주 강하다. 부 성례는 성의 편인 9가 무리 지은 이름의 첫 자 편재 5의 극을 받고, 이름의 끝 자에서도 정인 0이 정재 6의 극을 받고 있다. 보기에는 심하게 극을 받는 것처럼 보이지만 실상은 목의 생을 강하게 받은 인성 9·0도 강한 상태이므로 아주 흉하다고 볼 수는 없다. 반면 이름만 부르면 3·4의 기운이 없고 9·0의 기운이 강한 편이라 3·4가 더 약하다.

30 668 95 干 (1975년 을묘생乙卯生 부 성례)
30 668 95 支

1975년도 간지가 같다. 다만, 75년은 묘목년으로 74년 인목년에 비해 목생화가 약하다. 그러므로 'ㄴ·ㄷ·ㄹ·ㅌ'은 인성의 역할이 다소 약해져 갑인년에 비해 3·4를 약하게 극하지만, 9·0은 5·6의 극에 더 치명적이다. 또한, 묘목은 토를 덜 극하는데 'ㅇ·ㅎ'은 7·8 관성의 역할이 약한 편이라 1·2가 강할 때는 필요한 만큼의 제어를 하지 못하고 1·2가 약할 때는 더 약할 수도 있다. 이처럼 같은 목생화라도 인목과 묘목에 따라 다르다.

도 신 강
38 024 662 干 (1969년 기유생己酉生)
50 246 884 支

1969년 도 신강은 성에서 3이 8을 보니 직업이나 명예에 대해서는 크게 연연하지 않는 것처럼 보일 수 있으나 중심수 0의 성향으로 내면적으로 명예에 대한 집착이 강하다. 성을 제외한 지지의 마지막이 8·8·4로 잘 컨트롤되고 있어 관과 대립하더라도 오히려 관을 내 뜻에 맞게 부릴 수 있다. 대신 자신이 강해야 가능한데 이 이름은 간지 0·2로 강하다. 교육 계통이나 학자, 종교, 역술, 강사, 작가 등이 잘 맞으며 상관생재로 개인적인 일도 좋다. 호기심과 직관력이 있으며 권모술수에 능하므로 환경과 시기를 잘 만나면 큰 부富를 이룰 수 있다. 성의 5로 인해 사업적 구상을 하나 이름에서의 6과 8의 압도적인 기운으로 사업보다는 직장생활이 유리하다.

사물의 이면을 이해하는 능력이 탁월하나 정밀한 사고와 임기응변은 쉽게 발휘되지 않는다. 감정을 쉽게 드러내지 않고 비밀을 잘 지키며 창조력이 있어 기존의 형식을 뛰어넘는 참신한 기획력을 가진다. 독특하고 특수한 능력을 갖춘 경우도 있으나 용두사미를 조심해야 한다. 예지력과 지략이 풍부하며 반골 성향으로 남을 잘 믿지 않는다. 시작과 끝이 반복되고 남 좋은 일만 시키는 단점이 있다. 시간은 걸리지만 꿋꿋하게 밀고 나가는 자기 확신이 있다.

이처럼 기본 특성과 감추어진 특성을 잘 조합하면 자세한 감명이 될 것이다. 중심수의 성향이 70%의 성격에 영향을 미치므로 경금과 정인의 특징을 참고한다.

십성의 기본 특징은 간지에 따라 적절하게 활용한다. 아래는 지지 고유수의 기본 특징이다. 단, 진술축미의 토는 아래 특징을 참고하되 적잖은 차이가 있으니 신중해야 한다.

(1) 비견

주체성, 독창성, 활동성으로 권력에 목적이 있다. 대인관계를 중시한다. 추진력이 있어서 계획과 시작은 잘하나 마무리가 약하나 창의적이다. 생각의 중심이 본인 위주고 정직하며 독립심이 강하여 자기주장은 끝까지 관철하려 한다. 상황이 어려워지면 자기 의사를 솔직히 제시하고 해결 방법을 모색한다. 독선적이라 이기적인 면이 강하다. 가정보다 직장 생활을 중시하면서도 남의 명령을 싫어하여 상사와 충돌이 많다. 경쟁자로 내 것을 나누기도 하지만 내가 어려울 때는 지원군이 된다. 확실한 자격을 취득하여 베풀면서 살면 좋다.

(2) 겁재

재물을 뺏는다는 의미가 있으며 의협심으로 불의에 저항하며 경쟁심이 강하다. 주관과 고집이 세어 남의 지시를 싫어하지만, 적응력이 좋은 편이며 식상 3·4를 잘 생한다. 외유내강으로 대답은 해 놓고 자기 고집대로 처리하며 가정에 무관심하여 부부 불화가 생기기 쉽다. 강제적인 분배로 비견보다 경쟁적이며 투기심과 요행을 바란다. 비견에 비해 타협을 잘하고 경쟁 심리도 강하지만 이성적인 상황 판단을 한다.

(3) 식신

인寅: 완벽주의로 꾸준히 반복하고 연구한다.

묘卯: 소극적인 편이나 사교적이라 꾸준히 목표를 이룬다.

사巳: 자신감과 창의성, 집중력으로 단기간에 결과가 있으나 싫증을 잘 내므로 새로운 동기부여가 필요하다.

오午: 실속 있는 일에 열중하며 남에게 피해 주지 않는다. 논리적이며 목표를 향한 집념이 상관처럼 보이기도 한다.

신申: 목표를 향하여 묵묵하게 밀고 나가며 원칙주의로 한 분야에서 성과를 이루며 대기만성형이다.

유酉: 성실한 집중력으로 한 분야에 최고가 된다.

해亥: 자신감과 대범함으로 주변 상황에 동요하지 않는다.

자子: 자신감과 사교성으로 목표에 강하게 집착한다.

진辰술戌: 변함없는 묵묵함으로 깊이 있게 열심히 한다. 수용으로 중화, 보완해서 묵묵히 큰 목표를 향한다.

축丑미未: 현실적인 배려와 성실한 인간미가 있다. 전문적이라 목표를 향해 꾸준히 연구하며 할 일은 알아서 한다.

⑷ 상관

인: 사교적이나 자신감이 넘쳐 주변인과 충돌이 생기기 쉽다. 다재다능하며 논리적, 창의적이며 소유욕이 강하다.

묘: 이성적이며 신중하고 현실적이다. 승부욕이 강하며 필요하면 집요하여 식신의 모습도 보인다.

사: 의협심과 사리 분별력은 좋으나 사소한 것에 집착한다. 적응력은 좋으나 뒷심이 부족하다.

오: 가장 강한 상관으로 뛰어난 창의성과 우월감으로 재능을 알리고 싶다. 자기보다 나은 사람의 충고만 수용한다.

신: 다재다능하지만 냉철하고 논리적이며 신중하다. 이성적이며 소유욕이 강하다.

유: 단호하고 과묵하며 승부욕이 강하다. 고난에 강해지며 변화와 혁신을 위해 많은 생각을 한다.

해: 냉정해 보이나 유연하여 설득하는 힘이 있다. 목표를 향하여 계획대로 진행하며 자신만의 방식이 있다.

자: 차갑고 냉철한 생각과 자신감으로 배포도 크고 재치도 있고 대범하다. 처신을 잘하여 주변과 융화한다.

진술: 상관 본래 특성이 약해져 잘 나서지 않는다. 진토는 바른 직관력, 술토는 재능으로 결과물을 만든다.

축미: 냉철해 보이지만 배려한다. 확신이 있어야 능력 발휘하며 미토
는 타협할 줄 알고, 축토는 희생적이다.

(5) 편재

인: 최고 기질의 자신감으로 주도적이다. 창의성과 스케일이 크나 즉
흥적이며 과의욕적이라 신중함이 필요하다.

묘: 조용하고 실속적인 가운데 성취욕이 강하여 왕성한 활동을 한다.
동기부여와 신념이 있으면 포기하지 않는다.

사: 열정적이며 이기적인 성향도 있다. 즉흥적인 결정으로 실수도 하
지만 비교적 명확하고 빠른 판단을 한다.

오: 특유의 친화력으로 대인관계가 좋아 조직 관리에 맞다. 반복보다
임기응변의 짧게 집중하는 습관이 필요하다.

신: 의협심과 바른 판단력으로 결정한 것은 이루려 한다. 소신 있는 결
단력과 추진력으로 주도적인 역할을 한다.

유: 합리적인 배려로 상대를 압도한다. 주도적 성향이 강하다. 작은 일
에 연연하지 않고 인정받으면 잘 해낸다.

해: 신뢰와 균형으로 흔들림이 없다. 여유로우며 낙천적이라 리더의
품격을 갖추었다. 목표를 제시하면 묵묵히 한다.

자: 사업적으로 발달하여 조직 관리에 능하다. 성실한 현실성과 친화

력의 리더십으로 동기부여와 목표가 필요하다.

진술: 미래지향성과 거시적 관점의 강하므로 전형적인 편재이다. 실속보다 대충 하므로 기록하는 습관이 필요하다.

축미: 실속 있는 현실 개념으로 공간 파악을 잘해 재물을 크게 굴릴 수 있다. 목표를 설정하여 반복이 필요하다.

(6) 정재

인: 경쟁력 있는 창의력으로 소유욕이 강하다. 생각을 세밀하게 정리하는 재무 분야에 탁월하다.

묘: 냉철한 상황 판단으로 신중하고 꼼꼼하며 생존과 관련된 소유욕이 강하며 재무나 상업에 적합하다.

사: 관심 분야에 몰두는 하지만 소유욕은 약하다. 은행원, 교사 등에 어울리며 지속적인 동기부여가 필요하다.

오: 합리성으로 업무 수완이 좋으며 현실에 민감하다. 소유욕이 강하며 대인관계가 좋다. 방향성이 중요하다.

신: 단호함을 겸비한 배려심이 마무리에 능력을 발휘한다. 대인관계가 좋고 책임감이 있으니 조직의 신뢰를 받는다.

유: 시비가 분명하여 빈틈없고 합리적이다. 현실적이고 깐깐한 소유욕으로 재무관리나 상업, 정밀 분야가 좋다.

해: 이성적인 현실성과 꼼꼼하고 균형 있는 일 처리로 부지런하지만 이기적이다. 정밀한 연구직과 기술직이 좋다.

자: 현실 적응력이 좋고 유쾌한 재치가 있으며 소유욕이 강하다. 재무 관리업에 적합, 확실한 방향 제시가 중요하다.

진술: 실속 있고 중립적인 상황 판단으로 재무관리에 능하다. 은행원, 상업에 유리. 미래 비전으로 성과를 거둔다.

축미: 너무 신중하여 큰일을 못 할 수 있지만 내실과 재무관리에 능하며 측은지심으로 내가 할 일을 정확하게 한다.

(7) 편관

인: 무던하고 순수하지만 자기중심적이다.

묘: 성실하고 실속적이라 힘들어도 버틴다.

사: 사리 분별이 분명하여 그대로 밀고 나간다.

오: 불합리하다고 생각되면 단호하게 반발한다.

신: 순수하고 여리지만 미래지향적인 고집이 있다.

유: 실속과 분별로 주어진 일에 대해서 책임진다.

해: 자신이 믿는 신념은 강하게 밀고 나가려 한다.

자: 남은 배려하고 자기는 절제한다.

진술: 유연한 소신에 우직함으로 초심을 잃지 않는다.

축미: 주변 환경에 동화되는 특성이 현실에 충실한다.

(8) 정관

인: 본인 판단이 옳다 싶으면 당당히 자기표현을 한다.

묘: 무던함으로 실속 있게 처신한다.

사: 시비가 분명하며 책임감과 소신을 굽히지 않는다.

오: 강한 합리성으로 야무지게 판단하지만 인간적이다.

신: 감정을 잘 드러내지 않으며 희생적인 면이 있다.

유: 내적인 경쟁심으로 목표를 향해 초지일관이다.

해: 배려심과 반듯한 처신이 주변의 인정을 받는다.

자: 성급하지만 지혜로 명확한 판단력을 가진다.

진술: 합리적인 적응력으로 대인관계 원만하며 중립적.

축미: 유연성과 균형감으로 상황 대처를 잘한다.

(9) 편인

인: 직선적인 분별력으로 창의적인 통찰력이 강하다.

묘: 배려와 사교력으로 상황 인식력이 탁월하다.

사: 포용과 믿음의 정확한 판단력으로 소신을 지킨다.

오: 측은지심으로 타인을 배려한다.

신: 유연한 추진력으로 자신의 뜻을 강하게 이루려 한다.

유: 적응력은 있지만 안 되면 받아들이지 않는다.

해: 창의력은 있지만 관심 분야에만 통찰력이 있다.

자: 실속적이라 필요한 것에는 수단을 가리지 않는다.

진술: 소신 있는 신뢰를 가졌으므로 리더답다.

축미: 합리적인 현실감으로 올바른 처신을 한다.

(10) 정인

인: 타인과 친하며 참신하지만 꼬임에 빠지기 쉽다.

묘: 빠른 판단력으로 현실 인식에 능하며 이기적이다.

사: 분별력 있지만 다른 생각은 받아들이지 않으려 한다.

오: 다양한 정보를 수용하지만 눈 밖에 나면 안 본다.

신: 사교적이지만 선입견이 있어 쉽게 이해하지 못한다.

유: 유연한 내면적 경쟁심으로 합리적인 판단을 한다.

해: 유연한 통찰력으로 자신만의 방식을 고집한다.

자: 순수하여 적응력은 빠르나 신중하지 못하다.

진술: 경쟁심과 중립적 사고로 강하게 밀고 나간다.

축미: 강하고 깊은 판단력과 배려심이 있다.

5장

한글소리작명법의
활용

1

중심수의 심리적 특징

    심리와 성격은 어떤 관계일까? 불가분의 관계인 것은 분명하다. 육체도 다이어트나 성형수술 등으로 변화가 가능하듯 심리도 어떤 상태로 유지되느냐에 따라 성격이 변한다.

    성격을 한마디로 딱 특정하기에는 어려움이 있으나 개인의 외부를 규정하는 것을 육체라고 할 때, 개인의 내부를 규정하는 것이 심리이며 성격이다. 사람은 내부적인 심리 상태에 따라 말과 행동이 달라진다. 성격이 삶을 좌우한다는 말이 쉽게 인용되고 있으며 이름이 성격 형성에 중요한 역할을 한다는 주장도 있다. 작명의 목적은 좋은 이름이 삶의 안정을 돕는 역할을 할 것이라는 믿음에서부터 출발한다.

    식상생재된 이름은 돈을 벌려고 노력하는 심리가 강하고, 재생관된 이름은 명예를 추구하려는 심리가 강하다. 식상생새를 제대로 유지하려면 관성이 있어야 되고 재생관을 유지하려면 인성이 있어야 된다. 재가 관을 생하면 관으로부터 대가를 받으며 탈재로부터 보호를 받는다. 천간은 드러나는 것으로 지향하는 것이며 보이고 사용하는 것이다. 지지는 내부적인 것으로 이미 하고 있거나 갖고 있지만 밖으로 보이지 않는 것이다. 심리는 겉으로 보이는 것이 아니라 안으로 내재된 것이니 지지에 더 비중을 두되 천간의 심리는 겉 심리와 속 심리를 구분한다. 심리를 보는 방법은 다양하며 그중 나와 맞는 방법을 택하면 된다. 다음은 천간의 심리를 보는 방법으로 이름의 중심수에만 적용한다. 겉 심리의 기준은 'ㅅ'이다. 예를 들면 2000년생 남자 '이 바른'의 중심수는 '0'으로 정인이고 'ㅂ'은 계수로서 상관이다. 즉, 겉으로는 0과 4의 특성을 동시에 갖고 있다. 여기에서 파생되는 심리는 8이다. 0과 4의 모습이 동시에 있으면서 8도 파생되니 관인상생이 되어 큰 혼란이 없는 삶을 살지만 4 상관의 작용도 염두에 두어야 할 것이다. 속 심리도 겉 심리와 같은 방법을 활용한다. 2·4·5·7·9는 겉 심리가 잘 드러나고 1·3·6·8·0은 속 심리가 잘 드러난다.

중심수	ㄱ	ㅋ	ㄴ	ㄷ	ㅇ	ㅎ	ㅅ	ㅈ	ㅁ	ㅂ
심리	9	0	1	2	3	4	5	6	7	8

〈파생 심리〉

	특징
비겁	동업, 협업, 투쟁, 경쟁력 약화, 협력사 필요
식상	생산수단 약, 무형의 콘텐츠, 의뢰하여 교육
재성	무형재, 온라인 활용, 가상공간, 비대면, 4차 산업
관성	지방, 고시, 아웃사이드, 직업 변화, 나름 편한 삶
인성	능력보다 낮은, 인내심 부족, 지방

〈파생 심리의 특징〉

다음은 십성의 심리를 상세히 설명한다.

(1) 비견

주체성, 자립성, 자아의 뿌리, 평등심, 협동심, 공정한 대가, 자기주장 강한 아집, 동병상련, 발전적인 라이벌 의식, 공동체 정신. 천간의 비견은 타인을 인지하고 뭔가를 이루려 한다. 지지는 타인을 의식한다.

끝없는 경쟁 사회에서 살아남기 위한 인간의 생존 본능이라 건강하고 장수하는 경우가 많다. 비견이 강한데 식상이 없으면 타인보다 자신을 중요시하므로 인간관계가 원만하지 않다. 하지만 둘 다 비겁이 강하고 목적이 같다면 원만하기도 하다. 비겁이 강할 때는 식상으로 기운을 분산하거나 관성으로 적당하게 조화를 이루면 비겁의 자기방어를 질서와 규칙으로 중화시키므로 이름의 격이 높아진다. 다른 십성도 마찬가지다. 과한 십성은 극이나 설기가 좋은데 1이 많으면 3·4가 좋고 2가 많으면 7·8이 좋다.

천간의 비견은 드러나 있어 타인과 공유해야 하니 경쟁이고, 지지의 비견은 드러나지 않으니 나를 방어해 주는 뿌리다. 비견은 주관이 강하지만 내성적이기 때문에 오만하게 보이지 않는다. 음양오행이 같은 공동체이므로 인화력이 좋다.

서로 돕는 건전한 경쟁의식은 발전을 위해 필요하다. 타인과 자신의 경계가 모호해 평등하게 여기므로 격의 없는 관계라면 상관없지만 상하 구분이 뚜렷한 사회에서는 무례하게 보일 수 있다. 확실한 주관으로 일 처리를 조용히 한다. 돌발 상황에도 당황하지 않고 깔끔한 일 처리를 하지만 타협심은 부족하다. 음양이 같으니 직선적으로 생각하고 의식하며 내 의지대로 판단하고 속을 감추지 못한다.

비견 1이 재성(5·6)을 극하면 믿었던 사람의 배신으로 마음의 상처를 받는 것은 심리적인 부분이고 십성(육친, 재물)적인 면은 다르게 해석한다. 1에 3·4가 있으면 주변에 나를 도와주는 사람이 있다. 1이 3·4가 없으면 마땅히 도와줘야 될 사람이 도움을 주지 않는다. 1이 3·4를 생하면서 5·6을 극하면 상대는 자신을 도와주는 듯하지만 상대와 그 이익을 나누어야 한다. (6·1·3, 6·1·4) 인성은 약한데 1이 많으면 모친이 힘들고, 인성이 약한데 2가 많으면 모친의 유산이 부족한데다 나누어야 하니 받을 것이 없다.

9·0이 1·2의 설기를 심하게 받으면서 재성 5·6을 극하면 부모에게 받기만 한다. 인성 9·0이 약한데 1·2가 많으면서 바로 5·6을 극하는데 7·8이 없으면 불효한다. (6·0·2·6, 5·9·1·6, 5·0·2·6등) 1·3은 나의 완벽한 기술이고 2·3은 공동 기술이므로 다른 사람의 도움이 필요하다.

(2) 겁재

목표 의식, 도전 정신, 오만과 독선, 일정한 보수, 경쟁력, 스스로 지킬 줄 안다. 자신이 최고, 성실 근면, 상대적 자신감, 잘하다가 갑작스럽게 포기, 빠른 발전, 이기주의, 정보축적. 천간의 겁재는 정신적 경쟁으로 웃으면서 뺏는다. 누구에게나 드러나므로 지키기 어려워 벌어도 나간다. 지지는 나의 뿌리로 힘이 된다.

나보다 타인의 관점에서 판단한다. 그래서 내가 상대를 이기지 못하면 상대에게 지배당할 것이라는 심리로 경계와 피해의식이 강하다. 때로는 상대에 대한 막연한 두려움으로 과한 친절을 베풀어 경계심을 푼후 상대에 따라 내가 취해야 할 행동을 선택한다. 비견보다 경쟁심이 강한데 식신이 있으면(2·3) 다소 부드러워진다. 나보다 타인을 위하는 무분별함의 상관(2·4)보다 나를 위한 조절력 있는 식신이 좋다. 상관은 음양이 달라 조절이 어려워 과잉 설기를 하지만 식신은 조절하여 적당한 선에서 설기한다.

과한 기운은 설기를 하던지 극해야 한다. 상황에 따라 다르지만 대략 3이 많으면 설기가 좋고, 4가 많으면 극함이 좋다. 2의 전투력과 4의 과시가 만나면 대단한 언변가다. 중심수에 2는 질투심이 강하며 공격적인 방어를 한다. 식상 없이 재성이나 인성만 있으면(2·5, 2·0) 재를 두고 타인과 경쟁하기 쉽다. 겁재와 인성만 있으면(2·0·2·9) 잘해 준 것이 도리어 화가 되어 돌아오는 경우가 많으므로 사람을 잘 믿지 못한다. 식신과 겁재(3·2)가 있는데 식상생재(3·4, 5·6) 되면 타인을 이용해서 재물을 만드는 재주가 있다. 재물을 갖고 싶은 욕심이 많아 앞뒤 상황을 가리지 않고 도전하며 목표가 뚜렷하다. 비겁과 식상이(1·2, 3·4) 지지에는 없고 천간에만 있으면 계획만 하고 실천에 옮기기 어렵다. 비견은 내성적인 주관이고 겁재는 외성적 주관이므로 사교성은 겁재가 더 좋은데 본인에게 유리하거나 필요한 것이라면 내 주관보다 소통(융통성)을 택하기 때문이다. 겁재는 융통성이 있어 상대방 의견이 맞는다는 생각이 들면 자기 생각과 조금 달라도 고집부리지 않는다. 그래서 겁재는 겉과 속이 다르며(비견은 고집 부린다.) 비견보다 사교적이다. 큰 부자는 인성과 비겁이 발달된 사람이 많다.

① 식상

식상은 언어로 본인을 표현하는 능력이 탁월한데 식신은 꾸밈없이 자기의 생각을 솔직 담백하게 표현하지만 상대를 설득하려는 마음이 크지 않기 때문에 공감이 어려워 대중성은 약하다. 상관은 화려하고 과장된 미사여구로 상대를 포섭하려는 성향이 강하다. 식신은 관심 있는 분야만 끝까지 파고드는 집요함이 특징으로 좋은 것이 있으면 자기와 관련 있는 사람만 공유하고, 상관은 불특정 다수에게 소문낸다. 자기가 좋다는 생각이 들면 만나는 사람마다 좋다고 광고한다. 그래서 좋은 것을 자기가 알고 있다는 것에 도취된다. 식신은 소문이 나서 경쟁이 높아지는 것을 생각해 소문 내지 않는다. 이런 면이 식신이 상관보다 더 이기적이라고 할 수 있다. 4·5보다 4·6이 좋은 조합이며 3·6보다는 3·5가 좋다.

상관은 적절한 조절이 필요하니 인성이 있어야 좋다. 그래서 상관이 정인을 만나는 것을 상관패인으로 귀하게 본다. 상관에게 편인은 정인보다는 못하지만 좋은 작용을 한다. 식신은 인성 없이도 스스로 조절되기 때문에 인성을 만나면 좋지 않다. 특히 편인은 도식으로 흉하게 본다. 단, 정인과 식신은 짝을 이루니 무조건 나쁘다 하면 안 되고 이름의 구조를 잘 보아서 판단해야 된다. 8이 많을 때는 3으로 제하는 것이 좋고 7이 많으면 4로 제하는 것이 좋다. 문제가 생기면 식신은 본질을 해결하려 하고 상관은 임시방편이라도 일단 해결부터 하자는 식이므로 식신은 급한 상황을 힘들어하고 상관은 본질을 바꾸는 것을 힘들어한다. 천간 식신은 도전이고 지지 식신은 유지維持다. 식신은 미리 대비하고 상관은 일이 터진 후에야 나선다. 3·4는 남을 도우려 하고 많으면 바쁘게 산다. 식신은 내 의지와 필요에 의한 설기를 하고, 상관은 무의식적으로 설기한다.

(3) 식신

> 낙천적, 무사안일, 느긋함, 자존심, 성실, 비효율, 고지식, 차근차
> 근, 배려, 무관심, 말보다 행동, 지구력, 저속, 무기교, 깊고 좁다.
> 천간은 의도하는 것이며 원하는 것이 기준이다. 지지는 특별한
> 방향성 없이 본능으로 행동하는 것이다.

식신은 나의 표현으로 생각이 말과 행동으로 나온다. 대체로 먹는 것을 좋아하니 살찐 사람과 미식가가 많고, 특별한 일에 흥미 있으며 호기심이 많다. 관심 없는 분야는 집중하지 못하니 게을러 보이기도 한다. 오래 유지되는 것으로 재산 증식은 4에 비해 바르게 한다. 식상의 표현이 여자는 남자를 관성으로 판단하고 남자는 여자를 목적으로 생각하니 식상생재가 잘 된 남자는 여자에게 잘한다. 식상이 없는 남자는 여자를 아낄 줄 모르고 재생관이 안 된 여자는 남자를 위하는 마음이 약하다. 3

이 많은 여자는 배우자를 스스로 선택하려 한다. 3은 관심 있는 한 가지에만 집중하니 게을러 보이고 4는 여러 가지에 관심을 보이니 부지런해 보인다.

(4) 상관

자유분방, 즉흥적 행동, 화려한 표현, 실수, 넓고 얕음, 임기응변, 변덕, 관계에 주목, 모방과 창작, 싫증, 무책임, 실행력, 효율성, 호언장담, 유쾌함, 인정, 규칙 무시, 재치, 언변 정신적, 불합리에 반발, 도전적인 행동과 모방 속의 창의력, 속으로 불평하면서 총 대 멘다, 빨리 배워 자랑하고 싶다.

상관은 의도가 어찌 되었든 결과적으로는 나보다 남을 위한 표현이다. 식신 3은 남보다 나에게 집중하지만 상관 4는 남과 비교하는 것을 좋아하고, 비교해서 자기가 우월하다는 것을 인정받고 싶어 하고 과시하고 싶어 한다. 상관과 겁재(2·4)가 만나면 과시욕이 더 강해져 반드시 남을 이기려 한다. 이때, 재성이 없으면 상대방 얘기는 듣지 않고 자기 얘기만 하므로 2·4는 통찰력이 필요하다. 편재를 생하면(4·5) 자기가 만들지 않은 것을 유통할 곳을 찾아서 직접 판매를 한다. 4·0은 발전을 위한 공부로 업그레이드이다. 9·0이 과하게 상관을 극하면 배워야 될 것은 안 배우고 이것저것 쓸데없는 것을 배우려 한다. 3·7은 내가 약할 때 큰 도움이지만 4·7은 상대가 나를 무시한다는 생각으로 구설과 관재가 생길 수 있다. 4는 기존 것을 자기 것으로 새롭게 모방하여 원래 자기 것처럼 세상에 내놓지만 자존심이 강해 티는 내지 않는다. 창조는 모방이 바탕이니 예술, 응용, 유통에 좋다. 9·0이 잘 갖추어 있으면 교육, 언론, 법조계에서 두각을 나타낸다.

인성이 없으면 말실수가 많아 구설에 쉽게 노출된다. 식신이 오래 유지되는 것이라면 상관은 상대적으로 쉽게 사라지는 것이다. 아는 것은 많지만 수박 겉핥기식이라 확실히 아는 것이 드물다.

0을 본 비견이 표현하는 상관(0·1·4)은 자신이 습득한 지식을 세련되고 화려하게 표현하므로 지식에 깊이가 있으며 상관의 과한 표현력도 조절된다. 4는 세상의 불합리함에 대항하는 사람들을 대신한다. 그들에 대한 공감력과 봉사심으로 약한 이를 대변한다. 내가 아닌 남을 위하니 내면에 공허함이 있다. 4에게 인성(9·0)은 당당함을 위해 반드시 필요한 자격이다. 정관을 만나면(8·4) 반항심과 결정 장애로 충동적이 되기도 한다. 자유분방하여 주저함이 없는 것은 좋으나 나쁘게 작용하면 마음 내키는 대로 행동하여 무례하다. 성급하여 실수가 많으며 잘못을 인정하지 않으려 포장도 한다. 아랫사람에게는 잘해 주고 윗사람에게 대항하는 반골 기질로 헛똑똑이 성향이다.

① 재성

대인관계와 처세술에 능하며 상대를 보는 기준과 가치가 명확하다. 정재는 딱 내가 한 만큼의 결과를 바라지지만, 편재는 멀리 보고 투자한다. 여자의 재생관은 주는 의미이고 남자는 받는다는 의미다. 천간 재성은 나의 역할을 찾는 것이고 지지의 재성은 내가 역할을 하는 것으로 결과이다.

(5) 편재

능수능란, 사업성, 기분에 좌우되는 실수, 모험적, 빠른 판단, 사물 해석력, 과욕으로 판단 미스, 현실적, 실리 추구, 허세, 화통, 인간성 부족, 이익 추구, 이면적 사고(물질), 거시적인 안목, 사업가, 얼렁뚱땅, 천간은 자신의 한계를 넘어서려 하고 편한 삶 추구, 지지는 자신에게 충실. 말로 상대 기분을 좋게 한다.

편재의 세계는 넓어서 공사 구분이 약하다. 투자에 비해 이익이 많으면 과감하게 투자하고, 아니면 작은 돈도 쓰기 싫어한다. 편재와 비견(5·1)의 조합은 편재의 펼치려는 욕심이 조절되고 겁재(5·2)와의 조합은 편재의 펼치려는 욕심을 더욱 촉진하므로 큰돈을 잃거나 큰돈을 번다. 재성과 비겁이 만나면 무조건 파재라는 통변은 버려도 된다. 편재와 상관(5·4)도 확장성이 강해지면서 부작용이 생길 수 있다. 상관의 뽐내고 싶은 욕구와 편재의 펼치려는 욕구가 만나서 일확천금을 노린다. 성공하면 큰돈이지만 실패하면 큰 쪽박이다.

편재와 식신(5·3)은 이상적인 조합이다. 상관 4는 한 가지에 깊게 몰입하는 기발하고 독특한 생각이 많다. 이에 비해 식신 3은 대중적이지 못한 약점이 있다. 이러한 3의 성향이 편재 5의 적극적이며 자유롭고 거시적인 시야를 만나 창의성이 생긴다. 5는 갑자기 생긴 복권 당첨금이나 사업으로 한 번에 큰 재물이 들어오는 것과 관련이 있다. 6의 소심한 현실성과는 반대의 사업가 기질이 있어 능수능란한 손익 감각으로 큰 재물을 벌려고 한다. 이익 추구로 인간적인 면에 소홀하며, 많이 가진 것처럼 행동하기도 한다. 5·7은 실속 없이 거창하게 시작하기 쉬우므로 꼼꼼한 계획의 조절이 필요하며 6·8보다 성패의 결과가 크다.

(6) 정재

치밀 꼼꼼, 저축성, 계산적, 현실 직시력, 결벽증, 융통성 부족, 고정성, 정리 정돈, 따지기 좋아함, 여성적, 알뜰, 저축심, 현실 안주, 사람을 가린다. 천간은 주도, 지지는 수용.

지출에 대한 명확한 기준이 있어 재물이 많아도 검소하여 자린고비로 보일 수 있다. 은혜를 받으면 반드시 갚아야 마음이 편하며 N 분의 1인 원칙주의자다. 이유 없이 내가 남을 돕는 것도, 남의 도움을 받는 것도 싫어한다. 그래서 폭넓은 사회적 관계보다 개인적인 인간관계를 좋아한다.

정재와 비견(6·1)의 조합은 정재의 성향이 강화되고 겁재(6·2) 조합은 정재의 성향이 줄어들지만 둘 다 정재의 손상은 피할 수 없어서 자신이 아끼는 것을 잘 지키지 못한다. 2는 남의 것을 탐하는 것과 동시에 내 것을 빼앗기는 성향이고 6은 식상의 아이디어와 행동으로 얻은 구체적인 결과이므로 일을 시작하면 반드시 결과를 도출하려 한다. 자기를 뽐내고 싶은 4와 자신의 재산을 안으로 감추려는 6의 조합(4·6)은 서로 조율된다. 식신과 정재의 조합(3·6)은 기본적인 행복에 필요한 정도의 금전에 만족하지만 가끔 한곳에 몰입하는 3과 집요하게 모으는 6의 시너지로 대부가 되기도 한다. 6은 결혼하면 한눈팔지 않는데 돈이 아깝기 때문이다.

① 관성

내가 한 일의 사회적인 평가이며 정체성이다. 법, 질서, 인내력, 스트레스, 긴장, 악독, 융통성 없음, 회사, 소속감, 승진, 지휘와 수행 능력이고, 수비력, 절제력, 통제력이다. 사회적인 명예를 추구하려면 개인적인 이득을 포기해야 권력을 잡는 기회가 오기도 한다.

(7) 편관

> 직감력 발달, 냉철, 청렴, 난폭, 인내심, 단호함, 살기, 수술, 고통,
> 기억력, 극단적인 예의 규범, 포용력 부족, 깊은 통찰력, 잔인, 강
> 압적. 파격적, 천간은 끝없는 일거리, 지지는 규칙 지킴.

　권력욕을 현실화하는 개인의 능력이다. 원칙을 알고 사용하며 자신에게 이롭게 하려 한다. 타인에게 드러나지 않게 자신의 틀에 맞추어 능력을 키우며 인내한다. 겁재 2라는 무의식 속에 내재된 두려움이 상관 4라는 자신을 드러내고 뽐내는 기술로 진화하고, 5의 관계를 통해 자기 영향력을 확장시키며 발전한다. 2·4·5·7은 자기 마음대로 상대를 움직이고 싶어 한다. 체면과 명예 등 타인의 평가에 민감하다. 7은 경찰이나 검찰 군인 중에 발달한 경우가 많은데 위험을 감수하는 임무에 대한 책임 때문이다. 8에 비해 나를 강하게 극하는 7은 비겁이 있어야 자신의 역할을 제대로 한다.

　겁재(7·2)가 비견(7·1)보다 더 도전적, 권력적이고 투쟁성과 과시욕이 강하다. 비견(7·1)은 스스로 통제할 줄 알기 때문에 겁재(7·2)보다 깊이 있다. 2의 투쟁심과 지배 욕구로 시작된 7의 권력욕은 남들은 못 해도 자기는 할 수 있다는 자만심을 갖게 한다. 그래서 내 몸이 부서지라 열중한다. 정인 0을 만나면(7·0) 측은지심과 오지랖으로 인해 봉사하

려는 마음이고 편인을 만나면(7·9) 실수를 용납하지 못하는 절제된 카리스마이다. 7이 3·4를 만나면 자신의 실력으로 어려움을 극복하는데 7·3은 몸으로 하는 전문적인 교육이나 기술이다. 3이 7을 제대로 조율하면 크게 성공할 수 있다. 7·4는 말로 제압하는 것으로 7·3보다 융통성이 좋다. 7·1·3은 정도 많고 말도 잘하지만 7·0·3은 조용하다. 1·2 없이 7이 강하면 근거 없는 폭력성을 보이거나 무모한 책임감으로 스스로 힘들다. 밖에서는 스트레스로 주눅 들고 가정에서 폭력적인 행동을 하는 경우가 있다.

3이 많고 7이 약하면 문제에 직면했을 때 무리하게 근본 원인을 제거하려 하며 3·3·7은 게으르다. 4는 7을 강하게 극하지 않아 4의 과시욕이 권력 추구의 7을 만나면, 순간적인 재치로 해결하는 임기응변에 능하다.

6은 7을 강하게 생하고 5는 7을 약하게 생한다. 5는 7에게 9가 되므로 대가를 원하는 생이라 강하게 생하지 않는다. 6은 7의 정인이라 7을 대가 없이 생하고 지원한다.

6의 생을 받으면 7의 권력 욕구는 강해지므로 특수직에서 유리하다. 7·5는 과시, 과장하려는 성향이 강해지며 유동성이 높아 스케일이 큰 사업에서는 위험부담도 높다.

권력욕과 명예욕이 지나친 7은 명예와 통제의 양면성으로 남 위에 군림하고 싶은 권력욕이 강하다. 5·6과의 조합은 재생살이 되어 나를 극할 수 있다. 하지만 9·0이 있으면 스스로의 행동을 조절할 줄 안다. 9가 많으면 7의 힘을 너무 빼므로 힘들고, 7이 너무 많거나 강하면 쓸데없는 의협심으로 부탁을 거절하지 못하는데 본인을 위함이 아니라 타인을 위한 오지랖이다.

(8) 정관

정의 추구, 자기 번민, 원리 원칙, 융통성 부족, 논리적 사고, 언행 일치, 주의 의식, 공명정대, 모범, 지나친 사회 정의 구현, 수동적, 조직성, 쟁취하며, 고집한다.

정관은 무탈로 외부 통제보다 나를 위해 스스로 적용하는 원칙이며 지켜야 하는 규칙으로 공동체 유지에 필요하다. 정관이 발달하면 인정받으며 안전을 지켜 준다. 내키지 않아도 윗사람이 싫어하거나 규칙에 어긋난 행동은 하지 않는다. 8은 많은데 1·2가 약하면 건강 강박증이 있다. 자신을 과하게 억압하기 때문이다. 3·8의 조합은 4·8의 조합보다 피해가 덜하며, 8·0·4는 다소 현실적이며 이성적이고, 8·0·3은 꼼꼼해서 정도만 걸으려 하니 남들이 보기에 답답하다.

6·8의 조합은 재물과 안정을 동시에 추구하니 수동적이므로 직장인은 상사가 지시한 것만 하고, 사업가도 법을 준수하면서 보편적인 책임만 한다. 5·8은 본인의 이익을 위해 시키기 전에 알아서 하고, 사업가는

법의 한도 내에서 수익을 높이려 적극적이다. 수동적이지만 개인만이 아니라 전체의 안위도 추구한다. 관이 약하거나 없는데 식신이 많으면 타인을 내가 즐겁게 해 주어야 된다는 강박관념이 있다.

① 인성

사고력의 출발점이며 심리의 근본이다. 이름에 정인과 편인이 혼잡되면 전공과 직업에 대한 갈등이 많다. 정인은 세상의 이치나 불합리함을 스스로 받아들이고 성장하면서 체념한다. 편인은 단시간에 결정되는 일이나 신제품의 발명에 강하다. 식상(3·4)의 표현이 재성(5·6)이라는 쓰임을 만들고, 관성(7·8)으로 위치를 만든 후 인성(9·0)으로 삶의 이치를 받아들여 세상과 나를 깨닫게 하며 다시 순환한다. 현대의 부富는 재성(5·6)도 좋지만 큰 부는 인성(9·0)으로 이루어진다.

⑼ 편인

높은 지능, 조건적 사랑, 일단 의심, 깊은 생각, 심사숙고, 공상, 망상, 상대방 말 집중, 뒤에서 일 꾸민다. 철학적 사고, 결정 장애, 판단 오류, 부정적 신비주의, 창의력, 상상력, 눈치, 모사, 논리적, 천간은 스스로 해결하려 하고, 지지는 걱정만 한다.

한 분야에 몰두하지만 자기가 좋아하는 것에만 집중하므로 현실성은 떨어진다. 편인과 상관(9·4)의 조합은 상관을 크게 극하지 않아 오히려 탁월한 언변을 보인다. 편인과 식신(9·3)의 조합은 편인도식으로 한곳에 몰입하여 비현실적인 공상에 빠지거나 불리하면 외면하려 한다. 식신 3은 기본적인 행복을 추구하고 즐기며 본인을 중시하고 편인 9는 외부에 과몰입한다. 편인 9의 단점은 편재 5로 조율할 수 있다. 관성이 인성을 만나면(7·8, 9·0) 자기가 원하는 대로 되지 않으면 체념과 회피를 하며 현실을 잊으려 한다. 편인은 식신(9·3)을 강하게 제어하나 정인은 식신(0·3)을 강하게 제어하지 않고 합하므로 통변에 주의가 필요하다. 관인소통(7·8, 9·0)은 어떤 일이 벌어지면 우선 받아들일지의 여부 결정을 가장 먼저 하고, 상대와 상황에 따라 계산된 행동을 하며 장애물에 대한 관념도 있다. 강한 압박감을 나타내며 편偏적인 자격증이나 면허증, 문서 등이며 편인이 신茉금이라면 안으로 수축하고 밖으로는 견고해지는 기운이다. 쭉정이는 버리고 알곡을 수확하니 단단하고 견고한 문서다.

(10) 정인

인간 도리, 지키다, 순수, 혁신성 부족, 안정 추구, 학문 중시, 융통성 부족, 피동적, 도덕심, 선량함, 사기 당함, 의심 없는 수용,

간섭, 가르치려 함, 교육 중시, 연역적 사고, 무기력, 게으름, 조건 없는 사랑, 천간은 인기와 인복, 지지는 고민, 생각, 유대.

권리를 인증받는 의미로 자신에게 유리한 것을 현실적인 상황에 따라 받아들인다. 정인과 상관(0·4) 조합은 가치를 만드는 보완관계로 정인이 상관의 과시욕을 견제하여 자신의 지식을 세련되게 표현한다. 반면, 정인과 식신(0·3)은 육친적으로는 흉함은 있으나 십성적으로는 흉하다고 할 수 없다. 정인의 파고드는 성향과 식신의 호기심은 시너지 효과를 만든다. 정인 0은 음양이 같은 정재 6에 약하다. 정재가 강하면 정인의 이치를 깨치기 어려운데 인성과 재성의 가치 추구가 다르기 때문이다. 재성은 이득을 꾀하는 능력이 발달했지만 정인은 이상적인 가치를 중시하며 당당하게 요구하는 것이다. 정관과 정인(8·0) 조합은 조직 생활에 맞추는 능력이 뛰어나고, 편관과 정인(7·0) 조합은 편관의 권력과 명예에 대한 과한 집착을 내려놓게 한다. 정인은 순진하고 수동적이며 적극적이지 않으나 직관력은 좋은 편이다. 있는 그대로 순수하게 받아들이고 표현하므로 어떤 인간관계를 맺는가에 따라 정인은 삶의 질이 좌우되므로 경쟁 사회에서는 부적합하다. 잘하다가 갑자기 싫증 나서 그만두고 다른 일을 하기도 한다. 이해력은 낮지만 한번 이해하면 응용력은 탁월하다. 합리성이 떨어지고 영감에 따라 일하므로 잘못되면 크게 잘못되니 재성이 적절하게 조절해 주어야 한다. (0·5·0, 0·6·0, 0·5·9

등) 재극인이 좋게 작용하면 재성의 목적을 위한 치밀하고 철저한 금전 관리이다. 정인은 갖고 싶은 것이 있으면 잔머리를 굴리는 것이 보이지만 미워 보이지 않는다. 재극인이 나쁘게 작용하면 상황 판단이 너무 빨라 실수가 잦다. 천간의 재극인은 소문을 내고 지지는 조용하고 수동적이다. 이상은 심리적인 관점으로 본 십성의 특징이다.

고유수의 정과 편의 특징을 나누면, 1·3·6·8·0은 내면을 중요하게 여기므로 순수하며 정직한 편이다. 변화에 약한 보수성과 합리적인 객관성, 정확한 분석력으로 상하 위계질서를 잘 지킨다. 고유수 2·4·5·7·9는 내면보다 외면을 중시하는 경향으로 인위적이며 자율적인 활동력이다. 직관적인 창의력과 주관적인 감성의 이중성으로 변화에 대한 적응력이 뛰어나다. 고유수의 특징을 정리하면 다음과 같다.

십성	자동차	건강	상업	특징	상징성
비견	배기량	과로	동업	친구 동료	자신감 독립심
겁재	경쟁자	스트레스	근처 가게 동일 업종	라이벌	추진력 배짱
식신	엑셀	비만	일반 제품	주식	표현력 이해력 몰두
상관	터보 기능	수술 부상	기획 상품	기호식	언어능력 창의성
편재	비축 연료 짐	신경통 과로	전국 세계	인센티브	공간력 요약력
정재	연료 배터리	과로 눈	동네 고정	월급	정리력 암기력
편관	경찰관 돌발 상황	상해 사고 과중 업무	세무서	벌금 고지서	기억 인내
정관	신호등	재해 양호	고객	세금 고지서	모범 객관성 자기 관리
편인	주차장 사이드 브레이크	심장병	부도	특별 휴가	직관 순발 재치
정인	브레이크	호흡기 위장	공휴일	휴일	흡수력 수용성

〈고유수의 특징〉

2

고유수의 운용

(1) 태과太過

① 비겁(1·2)이 많은 경우

1. 한번 결정하면 쉽게 단정하며 고집대로 처리한다.

2. 삶의 풍파가 많다. 관성을 만나면 흉중의 길로 부귀.

3. 타인의 지배나 간섭을 받기 싫어한다.

4. 직접 사업하는 것을 좋아하지만 실패를 반복한다.

5. 사람을 좋아해 쓸데없는 지출로 경제적으로 어렵다.

6. 과시욕과 투기성으로 실패. 절제하는 습관이 필요하다.

7. 주관이 강해서 풍파를 겪거나 이용을 당하기도 한다.

8. 풍족하면 주변에 선심 쓰고 안락한 생활을 한다.

9. 중심이 확고해 공감은 되지만 자기만 잘났다.

10. 가난, 고난, 배우자 문제, 경쟁심이 강하다.

11. 비교를 많이 하고 많이 당하며 열심히 살아간다.

12. 재물, 권력에 대한 집착이 강하지만, 공감력은 좋다.

13. 사업보다 직장이 유리하다.

14. 비견 과다는 내향적, 겁재 과다는 외향적이다.

② 식상(3·4)이 많은 경우

1. 대범한 듯 보여도 의심이 많아 감정을 앞세운다.

2. 자기과시, 생색내기, 손익 따져 행동하니 실패가 적다.

3. 염세적, 낭만적, 감수성이 예민하다.

4. 생각은 깊으나 속박과 규칙을 싫어한다.

5. 조화되면 창작성 뛰어나지만 많으면 게으르다.

6. 여자는 자궁 문제와 자식, 남편을 극해 말년이 외롭다.

7. 재능 대비 과소평가 받는다.

8. 어려움이 많고 부부 갈등이 많아 지나치면 이별한다.

9. 단순하며 불의에 강해 보이지만 영웅심의 즉흥심이다.

10. 스스로 화를 자초하여 불행에 빠지기도 한다.

11. 다방면에 재능을 보여도 내실이 부족해 이용당한다.

12. 결실 보기 힘들고 말 못 할 고민으로 심적인 고통.

13. 명석하나 경솔한 실수가 많아 가볍게 보이기 쉽다.

14. 바람둥이, 상대방 행동에 빠르게 반응할 줄 안다.

③ 재성(5·6)이 많은 경우

1. 너무 많아도 재물과 무관, 오히려 건강을 해치기 쉽다.

2. 안정을 잃기 쉬워 일이 용두사미로 끝나는 경우 많다.

3. 여자는 배우자 덕이 없고 경제적 빈곤을 느낀다.

4. 자기 사업보다 직장 생활이 유리, 학문 성과가 어렵다.

5. 원 이름에도 많고 세운도 많으면 투기심이 발동한다.

6. 투자하다 경제적 어려움을 겪는 경우가 많다.

7. 너무 현실적이라 실용성은 있지만 뒤죽박죽되기 쉽다.

④ 관성(7·8)이 많은 경우

1. 강한 성장 과정을 겪고 자랐다면 성공 확률이 높다.

2. 과잉보호로 자랐다면 중년 풍파를 못 이겨 좌절한다.

3. 명예 운이 약해 야무지지 않은 여러 개의 직업이 많다.

4. 돈보다 명예를 앞세우며 매사 조심성이 너무 지나치다.

5. 일 처리는 빈틈없는 편이지만 남의 꾐에 잘 빠진다.

6. 교과서처럼 종합적인 일 처리를 하지만 지루하다.

7. 다각적으로 관찰하고 의견을 종합해서 일 처리 한다.

8. 실수 적어 성공하나, 용의주도함이 몰인정해 보임.

9. 실수를 허용하지 않으므로 서로 융화에 힘써야 한다.

10. 소유욕과 자기중심적으로 거만하다는 평가를 받는다.

⑤ 인성(9·0)이 많은 경우

1. 가족과의 화합이 어렵고 불행이 많아 고독하다.

2. 여자는 고독하고 외롭다. 심하면 화류계로 나간다.

3. 재성 5·6이 없으면 남편 덕이 없고 불행해지기 쉽다.

4. 자녀와 남편과의 인연이 약하여 고독한 일생을 산다.

5. 현실과 이상이 어긋나 기존의 질서와 충돌한다.

6. 도전과 실패를 반복하며 여러 문제가 생긴다.

7. 고민을 사서 한다. 노력 대비 완성도는 떨어진다.

8. 끈기가 약하여 생각이 많고 산만하나 실천은 적다.

9. 이런저런 공부는 많이 하나 끝까지 하는 것이 없다.

(2) 불급不及

없다는 것은 바꾸기 어려운 환경이며 고통은 주로 없는 것을 갖고 싶어 하는 마음에서 발생한다. 있는 것은 늘 있으니 당연한 듯 잊고 지낼 수 있으나 없는 것은 항상 채우려 노력하다 보니 그에 따른 문제가 발생하는 것이다. 인성이 없다는 것은 해야 될 형식도 자각하지 못하고 생략하는 것이고, 관성은 내가 무엇을 해야 할지를 모르는 것이며, 재성은 무엇을 어떻게 해야 될지 모르는 것이고, 식상은 해야 되는 이유를 모르는 것이고, 비겁은 내 존재의 이유를 모르는 것이다. 십성이 없거나 약할 때를 정리하면 아래와 같다.

① 비겁: 주체성과 리더십이 부족하다

1. 분배와 경쟁의 논리성 부족으로 자기중심적이다.
2. 외부의 자극에 대한 대응을 혼자 해야 한다.
3. 자립성이 없어 주변 힘을 기대한다. 인내력이 약화.
4. 경쟁 심리가 없어 무기력하며 의기소침, 부화뇌동.
5. 가족 중심적, 상대개념이 약하며 경쟁자가 없다.
6. 독립성과 주체 의식, 존재 의식 약하며 소심한 편이다.
7. 공감대 형성이 어려워 대인관계가 원만하지 못하다.
8. 투쟁심과 경쟁력 부족, 재가 많으면 감당하지 못한다.

비견 無: 독립성, 주체성, 타인의 도움이 약하다.

겁재 無: 경쟁심, 투쟁심이 약하다.

② 식상: 소소한 재미와 애교와 표현력이 부족하다

1. 평상시 말주변이 없으나 친하면 말이 많아진다.

2. 과정이 없으니 결론을 미리 원하며 표현이 서툴다.

3. 수동적, 생각만 있고 실천할 줄 모르며 두서없다.

4. 실천보다 머리를 쓰는 직업이 잘 맞다. 뺀질하다.

5. 허언과 불평불만, 교묘한 거짓말과 유시무종이다.

6. 경험의 혜택이 약하여 새로움에 대한 의지가 부족하다.

7. 지나치게 경직된 삶으로 상대 캐치력이 떨어진다.

8. 비겁의 출구가 없어 행동하고 표현하는 습관 필요하다.

식신 無: 교육, 양육 어렵다. 제조, 생산, 재능이 약하다.

상관 無: 생산과 직원과의 인연도 약하다.

③ 재성: 계획하고 실천하지만 결과는 불만족하다

1. 결과에 대한 인식이 없어 시행착오가 많다.

2. 인성을 자극하지 않으니 계산력과 판단력이 약하다.

3. 욕심이 많아 결과가 부실한데도 뻔뻔하다.

4. 금전 관리가 계획적이지 못하고 허술하다.

5. 대화의 결론을 내리지 못하는 성향이 있다.

6. 계산 능력이 약하며 득실을 따지지 않고 업무 추진.

7. 소통 문제, 소유욕과 계산력 부족, 현실성 결여.

8. 이론에만 치우쳐서 비현실적이다. 결과 도출 어렵다.

편재 無: 사업성, 융통성, 연애력, 풍류와 잡기에 약하다.

정재 無: 고정적 수입 부족, 남자는 여자 인연이 부족하기 때문에 안달한다. 부동산 임대나 자격증 형태로 된 재산이나 저작권 등으로 된 재를 추구하는 것이 유리.

④ 관성: 직관력 떨어지고, 분석력이 약하다

1. 통제력, 조직력이 부족하며 거만, 무례하여 안하무인격.
2. 솔직함과 뻔뻔함이 공존하며 원하는 일은 꼭 한다.
3. 주관이 강하여 법과 규칙 무시, 자기 일만 관심 있다.
4. 원칙 없는 행동, 깐깐한 성격에 폭력적 성향이 있다.
5. 챙겨야 될 의무만 있다. 과거지향적, 미래 계획 부족.
6. 재성을 보호하지 못하며 세상 물정을 잘 모른다.
7. 관계 설정과 규칙화가 어려워 기존 체계에 적응 힘듦.
8. 허세, 관을 추구하나 갖기 어렵다. 자유로운 경향이다.
9. 예복, 정장, 유니폼, 자신의 위세를 드러내기 좋아한다.

편관 無: 단순한 삶, 안정적, 변화 적음, 조직성 부족.

정관 無: 직장 인연이 부족해 변동 많고, 승진도 약하다.

⑤ 인성: 자신의 생각을 제대로 표현하지 못한다

1. 단순 무식, 괜한 고집과 오기를 부리며 호전성 표출.
2. 인내력과 면역력이 모자라 잔머리를 굴리게 된다.

3. 응용력, 이해력 부족하므로 복잡한 것을 싫어한다.

4. 학문적 수용 능력이 저하되어 학습을 등한시한다.

5. 반성할 줄 모르고, 어리석으며 개선, 결재권이 없다.

6. 사고력 부족, 권리 주장을 당당히 할 수 없다.

7. 식상의 통제력 약하여 자리가 불안하다.

8. 낙천적이나 사유력이 떨어진다. 기록하는 습관 필요.

9. 꾸준함 부족. 어깨너머로 배워도 손에 맞게 잘한다.

편인 無: 즉흥성 강함, 제어력, 인내심, 순발력 부족.

정인 無: 문서와 학문 부족. 애정결핍, 극단성, 피해의식.

(3) 혼잡混雜

① 1·2 비겁(자기만 도태된다는 생각이 많다)

1. 주위 십성에 따라 다양한 판단이 필요하다.

2. 동성 친구를 좋아하니 이성을 만날 기회가 적다.

3. 책임져야 될 것이 많으니 해야 할 일도 많다.

4. 친구를 좋아하여 이익보다 손해 보는 경우가 많다.

5. 고집은 강하지만 딱히 남에게 피해는 안 준다.

6. 돈 빌려줄 일이 자주 생기고 큰 시험에 약하다.

7. 투쟁심이 있으며 단체나 모임 등으로 삶을 낭비한다.

8. 친구들의 꼬임이 많으며 돈을 벌면 나갈 일이 생긴다.

9. 표정 관리가 어려운 편이며 이중인격이 많다.

10. 속성속패, 시기 질투 많으며 외화내빈이다.

② 3·4 식상(목표 분산으로 일관성이 부족하다)

1. 활발하고 다양한 표현과 행동 양식을 보인다.

2. 능력은 다재다능하나 그로 인한 실수도 많다.

3. 표현 방식이 다양하니 말 많고 실수가 많다.

4. 한 번에 한 가지 일을 차근차근해야 실수가 적다.

5. 생각 없이 행동하며 지적질하여 시비 구설이 잦다.

6. 이것저것 보는 것마다 다 해 보고 싶어 한다.

7. 인성은 제어력을, 재성은 정리 정돈을 의미한다.

③ 5·6 재성(소유욕이 강해지므로 이것저것 한다)

1. 자본주의적 사고방식이라 이재에 밝다.

2. 정관과는 정당(5·6, 8) 편관과는 재생살로 과욕(5·6, 7).

3. 판단, 선택, 결정 장애로 혼란스럽다.

4. 인성은 스스로 판단하고 없으면 보이는 것만 믿는다.

5. 식상이 바로 옆에 있으면 바쁘게 산다. 3·4, 5·6.

6. 현실을 중시하고 욕심이 많으니 그만큼 부지런하다.

7. 무관성이면 이기적이며 인색, 있으면 알뜰한 명분가.

④ 7·8 관성 (자기만이 할 수 있다는 관념이 강해진다)

1. 나의 평판이라 남의 시각을 의식하고 중요시 여긴다.

2. 오지랖이 많아 남의 부탁을 거절하지 못한다.

3. 남에게 보이는 것이 중요해 척하는 마음이 강하다.

4. 상관이 있으면 과시, 허세가 심해지며 겁도 많아진다.

5. 극단적인 성질로 예의 바르다가 갑자기 돌변하기도 함.

6. 과중한 책임, 사건 사고, 스트레스가 심하다.

7. 7이 과하면 비굴하기 쉽다. 꾀 많고 임기응변에 강함.

8. 여자는 본능적으로 남자를 기피하거나 두려워한다.

9. 0·7·8: 긍정적 수용성, 남자는 많은데 지속성은 떨어짐.

10. 9·7·8: 부정적 수용성, 아무나 안 사귀고 가린다.

⑤ 9·0 인성 (선택 장애가 생기기 쉽다)

1. 생각이 많고 복잡, 긍정적 마인드(0)+부정적 마인드(9).

2. 머리를 너무 굴리고 고민은 많지만 게으르다.

3. 의심 없는 수용으로 남을 쉽게 믿어 사기를 잘 당한다.

4. 무식상이면 짝사랑, 편인은 망설이다 기회 놓친다.

5. 생각이 많으니 피곤하고 스트레스가 심하다.

6. 식상을 억제하니 의욕 상실, 표현은 않고 궁리만 한다.

7. 인다관설은 관에 기대나 만족 않고 불평불만이다.

8. 잔머리가 발달했으나, 자기 꾀에 자기가 당한다.

9. 잔머리 선수라서 남의 잔머리도 금방 알아차린다.

10. 오랜 세월 마음을 수양하였으므로 철학적이다.

11. 미리 준비하는 습관이 있어 도망갈 구멍을 파 놓는다.

12. 계산할 때 구두끈 고치는 스타일이다.

13. 중요한 결정은 잘 알아보고 종합하여 결정한다.

3

고유수의 활용

천간은 합을 활용하고 지지는 공망을 활용한다. 천간과 지지를 동시에 활용하는 것은 천을귀인이다. 하지만, 천을귀인은 임상 해 보았을 때 유의미한 결과가 없었으므로 작명에서는 취용하지 않는다. 먼저 천간에서 활용하는 천간합이다. 하지만 천간합과 지지 공망의 활용은 특수 작명으로 작명과 감명 시 상당한 주의를 요한다.

(1) 천간합

이름의 중심수에 천간과 합이 되는 자음이 올 경우 생성된다. 합이 있다는 것은 확장력을 가지고 움직이는 주변 사람들이 있음이고 그런 환경에 놓여 있다는 것이다. 친긴합의 종류는 정관과 비견의 힙(8·1), 편관과 상관의 합(7·4), 정재와 편인의 합(6·9) 편재와 겁재의 합(5·2), 정인과 식신의 합(0·3)이 있다. 정인 0은 식신 3을 강하게 제어하지 않고 합하며, 5·2 합이 있을 때 무조건 탈재, 손재라고 볼 수 없다. 물론 구조가 좋지 않거나 환경이 받쳐 주지 않으면 타인으로 인한 탈재다. 하지만, 내가 능력 있을 때는 나를 대신하여 나의 사업을 궤도 이상으로 올려 놓는 역할을 한다.

식신생재+재극인은 저작권이고, 식신생재+정인합은 안전자산권이다. 5·6이 너무 강하면 재를 탐하여 흉하게 작용한다. 을병乙丙년은 5·6 재財, 계갑癸甲년은 7·8 관官, 정무丁戊년는 3·4 식食, 기경己庚년은 1·2 아我, 신임辛壬년은 9·0 인印이다.

2007년생을 예로 들면.

중심 자로 'ㅁ'을 쓰면 중심수는 6이지만 정해년이므로 임수와 정화가 만나 목木 식상(3·4)이 생긴다. 본명의 중심수가 6과 생성된 3·4는 식상생재가 되므로 좋은 일이 많다. 다른 예로 2008년생의 중심에 'ㅂ'을 쓰면 화가 생성된다. 이때 중심수는 8이지만 합하여 생성된 오행은 화 3·4다. 다른 해에 비하여 8 정관의 좋은 기운이 다소 약해진다고 본다. 아래는 천간합을 정리한 것이다.

연도	4	5	6	7	8	9	0	1	2	3
음양	+	−	+	−	+	−	+	−	+	−
천간	甲1	乙1	丙1	丁1	戊1	己1	庚1	辛1	壬1	癸1
합	己6	庚8	辛6	壬8	癸6	甲8	乙6	丙8	丁6	戊8
자음	ㅎ	ㅅ	ㅈ	ㅁ	ㅂ	ㄱ	ㅋ	ㄴ	ㄷ	ㅇ
본명수	8官	6財	8官	6財	8官	6財	8官	6財	8官	6財
생성	土	金	水	木	火	土	金	水	木	火
생성수	7·8官	5·6財	5·6財	3·4食	3·4食	1·2我	1·2我	9·0印	9·0印	7·8官

〈천간합〉

정인식신합(0·3) → 7·8이 생기는데 7·8은 9·0의 인성이다.

편인정재합(9·6) → 3·4가 생기는데 3·4는 5·6의 인성이다.

정관비견합(8·1) → 5·6이 생기는데 5·6은 7·8의 인성이다.

편관상관합(7·4) → 1·2가 생기는데 1·2는 3·4의 인성이다.

편재겁재합(5·2) → 9·0이 생기는데 9·0은 1·2의 인성이다.

(2) 지지 공망

지지는 공망을 활용하는 데 자음만 적용한다. 원래 공망은 연, 월, 일, 시 모두 작용하지만 사주에서는 일주를 가장 큰 작용으로 본다. 하지만 이름은 드러난 양揚이므로 연주를 기준으로 한다. 공망은 명리의 신살 이론 중 하나로 천간은 10개, 지지는 12개라서 짝지으면 짝이 되지 못하고 남는 2개가 공망이다. 천간이나 오행에는 적용하지 않지만 공망 된 지지의 바로 위 천간은 공망의 작용이 있다.

공망은 망해서 비었다는 뜻으로 제대로 된 역할을 하지 못하므로 더욱 집착하게 된다. 나쁘게 작용하는 글자가 공망이라면 좋게 작용하는 경우도 있으므로 이름 구조에 따라 적용한다. 이름에서 공망이 있다면 완벽을 추구하기보다 조금 부족함에 만족해야 하며, 드러난 것보다 드러나지 않은 세계의 것들을 취하는 것이 좋다. 남이 안 하는 나만의 특별한 것을 해야 성공의 가능성이 높다. 수도권보다 지방이 유리하고, 잘 발달된 곳보다 덜 발달된 곳이 좋다.

공망	연도	연도	연도	연도	연도
ㅇ · ㅁ · ㅂ · ㅍ	甲子 乙丑	丙寅 丁卯	戊辰 己巳	庚午 辛未	壬申 癸酉
	1984 · 85	86 · 87	88 · 89	90 · 91	92 · 93

ㅅ·ㅈ·ㅊ	甲戌 乙亥	丙子 丁丑	戊寅 己卯	庚辰 辛巳	壬午 癸未
	1994·95	96·97	98·99	2000·01	02·03
ㄷ·ㄹ·ㅌ·ㅎ	甲申 乙酉	丙戌 丁亥	戊子 己丑	庚寅 辛卯	壬辰 癸巳
	2004·05	06·07	08·09	2010·11	12·13
ㅇ·ㄴ	甲午 乙未	丙申 丁酉	戊戌 己亥	庚子 辛丑	壬寅 癸卯
	1954·55	56·57	58·59	60·61	62·63
ㄱ·ㅋ·ㄲ	甲辰 乙巳	丙午 丁未	戊申 己酉	庚戌 辛亥	壬子 癸丑
	1964·65	66·67	68·69	70·71	72·73
ㅁ·ㅎ	甲寅 乙卯	丙辰 丁巳	戊午 己未	庚申 辛酉	壬戌 癸亥
	1974·75	76·77	78·79	80·81	82·83

〈60甲子별 소리 공망〉

공망	특징
ㅇ·ㅁ·ㅂ·ㅍ	강한 정신력, 사물의 이면에 관심이 많다
ㅅ·ㅈ·ㅊ	열정적, 인간관계 중요시
ㄷ·ㄹ·ㅌ·ㅎ	신중, 느긋, 깊은 생각, 예지력
ㅇ·ㄴ	이해관계에 민감한 현실주의
ㄱ·ㅋ·ㄲ	역동적인 에너지, 독특한 생활 방식
ㅁ·ㅎ	고난을 이겨 내는 능력

〈소리 공망의 특징〉

	십성 관점의 공망 특징
비겁	동업, 협업, 투쟁, 경쟁력 약화, 협력사 필요
식상	생산수단 약, 무형의 콘텐츠, 의뢰하여, 교육
재성	무형재, 온라인 활용, 가상의 공간, 비대면, 4차 산업
관성	지방, 고시, 아웃사이드, 직업 변화, 나름 편한 삶
인성	능력보다 낮음, 인내심 부족, 지방

〈십성 관점의 공망 특징〉

(3) 건강

고유수		질병
비견	1	건강 과신으로 과로병
겁재	2	과잉 경쟁, 정신적 스트레스나 노이로제
식신	3	운동 부족의 비만, 폭식, 과음으로 인한 질환
상관	4	재난으로 인한 사건, 사고, 수술이나 부상
편재	5	피로감에서 오는 신경통과 과로로 인한 질병
정재	6	과로로 신경계통, 시력, 간질환
편관	7	상해 사고, 과한 업무로 인한 피로
정관	8	사고나 재해로 인한 질환
편인	9	비관, 좌절에 의한 충격의 심장 계통 질환
정인	0	호흡기나 위장 장애, 안과 질환, 시력 약

〈고유수별 질병〉

(4) 전공

고유수		전공
비견	1	사회, 정치, 변리사, 건축, 인류, 세무, 농업
겁재	2	사회복지, 신문방송, 체육, 범죄 심리, 기획
식신	3	식품영양, 교육, 의학, 약학, 경제, 행정, 경영
상관	4	심리, 예능계, 철학, 교육, 기상, 언론, 변호사
편재	5	재정, 무역, 미용, 금융, 경제, 경영, 부동산
정재	6	회계 설계, 경영, 경제, 가정
편관	7	형법, 병역법, 군사, 질병, 조세, 형사소송
정관	8	형법, 행정법, 평론, 민법, 상법, 공무원법
편인	9	예체능계, 종교학, 연극영화, 이공계, 고고학
정인	0	심리, 철학, 지리, 국어, 정치, 인문계

〈고유수(십성)에 따른 전공〉

6장

통변 이론과
실전

1

통변 이론

(1) 궁성별 의미

	성	이름 첫 자	이름 끝 자
가족 일대기	조상, 부모, 과거, 30세가량(결혼 전)	본인, 배우자, 현재, 31~60세 (자녀 결혼 전)	자녀, 미래, 60세 이후
비고	선천운	중심수, 사주 일간, 격국, 성격, 건강, 직업, 적성, 가족관계	말년 운 (전체 운)

(2) 고유수의 간략한 의미

고유수	1	2	3	4	5	6	7	8	9	0
남녀	협동	경쟁	꾸준	뽐냄	재물	결과	장성	재상	수양	학문

(3) 육신별 의미

고유수	1	2	3	4	5	6	7	8	9	0
남	弟妹	弟妹	丈母	丈母	父妻	父妻	子	子	母	母
여	弟妹	弟妹	子	子	父	父	夫	夫	母	母

(4) 승재관(乘財官)

비견(1)과 겁재(2)의 생生을 받은 식신(3)과 상관(4)이 각각 비겁 중 하나와 식상 중 하나를 만나는 것으로 재성과 관성을 더욱 높이는 작용을 한다. 승재관은 성립 요건을 갖추어야 제대로 된 승재관 작용을 한다. 조건이 안 되면 승재관 작용은 약해진다. 또한, 중심수에 겁재(2)와 상관(4)으로 이루어진 2·4 또는 4·2는 승재관의 역할을 하지 못하고 오히려 흉 작용을 한다. 중심수 정인 0이 가장 효율적인 승재관이다.

승재관														
수	13	14	23	24	31	32	41	42	31	41	32	42	13	23	14
십성	비견	비견	겁재	겁재	식신	식신	상관	상관	식신	상관	식신	상관	비견	겁재	비견
십성	식신	상관	상관	상관	비견	겁재	비견	겁재	비견	비견	겁재	겁재	식신	식신	상관

① 승재관이 이루어지지 않는 경우

　1. 식상(3·4)이 극을 당하는 인성(9·0)을 만날 때.

2. 비겁(1·2)이 극을 당하는 관성(7·8)을 만날 때.

② 승재관의 좋은 순서

1·3(3·1), 2·3(3·2), 1·4(4·1), 2·4(4·2) 순서로 좋다. 단, 중심에 2·4는 매우 흉하며 나머지 순서는 의미 둘 필요 없다.

천간	5번째	6번째	3번째
이름	성	이	름
지지	2번째	4번째	1번째

(5) 복음(伏吟)

이름의 고정수와 세운수가 같은 경우며, 복음이 되는 해는 엎드려 신음하거나 울음을 참는다는 의미로 신상에 매우 불리하다는 것을 의미한다. 베푸는 봉사와 수양하는 공부로 한 해를 조용하게 보내면 별 탈이 없다. 특이하게 크게 성공하기도 하나 매우 드물다. 세운은 천간 중심수만 봐도 된다.

이름	박 우 혁	비고
고정수(1981년)	988 46 318	
유동수(2021년)	988 46 318	복음(伏吟)

(6) 십성의 변화

비견(1), 식신(3), 편재(5), 정재(6), 정관(8), 정인(0)을 좋은 십성이라고 하고 겁재(2), 상관(4), 편재(5), 편관(7), 편인(9)을 흉하다고 하지만 이러한 고정관념은 버리는 것이 좋다. 십성의 길흉은 상황에 따라 해석한다. 하지만 같은 십성이 나란히 붙어 있거나 많으면 흉으로 간주한다. 3이 많으면 4가 되는 것이 아니라 3이지만 4의 성향이 강해지는 것이다.

십성 중첩	비견 (11)	식신 (33)	정재 (66)	정관 (88)	정인 (00)
변화	겁재(2)	상관(4)	편재(5)	편관(7)	편인(9)

(7) 복신(伏神)

십성의 생극에서 비겁(1·2)은 재성(5·6)을 극하는데 관성(7·8)이 먼저 비겁을 극하면 약해진 비겁은 재성을 극하지 못하니 재성이 살아난다. 이때 살아나는 재성이 복신이다.

극하는 수	1·2, 5·6	3·4, 7·8	5·6, 9·0	7·8, 1·2	9·0, 3·4
생기는 수(복신)	인성(9·0)	비겁(1·2)	식상(3·4)	재성(5·6)	관성(7·8)

(8) 동화(同化)

고정수 1·2는 고정수 5·6을 제외하고는 1·2의 원 특성을 유지하면
서도 접해 있는 다른 고정수의 특성으로 변하는 것이다. 단, 5·6은 1·2
와 동화가 되지 않는다. 비겁(1·2)은 재성(5·6)을 극하기 때문이다.

고유수	13	24	17	28	19	20	15	25	16	26
동화수	3	4	7	8	9	0	1	2	1	2
가부	○	○	○	○	○	○	×	×	×	×

(9) 백지(白紙)수

이름의 구성이 간지가 같은 오행이나 음양이 다른 같은 오행으로 되어
있는 것을 말한다. 명리학의 종격從格과 비슷한 개념이다. 즉, 간지가 한
가지 오행으로 이루어진 조합으로 모든 오행이 다 있는 것으로 본다. 그
래서 가족을 비롯해 당사자와 관련된 모든 기운이 작용하므로 작용력이
매우 크다. 그러므로 백지수 작명은 신중해야 한다. 동화도 인정한다.

이름	고정수	백지수 여부
이 지 혜 (1980년생)	33 23 42 33 23 42	백지수이며 상관(4)으로 동화된다
이 지 희 (2009년생)	22 92 11 22 92 11	백지수이며 편인(9)으로 동화된다

(10) 고유수의 조합

'홍길동'이라는 이름을 부를 때, 부드럽게 사랑을 담아 부를 때와 고함 치듯이 화난 목소리로 부르는 때와는 차이가 있다. 내 이름이 사랑이 담긴 마음으로 불려지기 위해서는 수신(修身)이 필요하다. 우리가 '이순신'을 부를 때는 존경과 사랑의 마음으로 부르나 '원균'을 부를 때는 그렇지 않다. 아무리 좋은 이름이라도 타인이 그 이름을 생각할 때 그려지는 이미지에 따른 작용도 간과하지 말아야 될 것이다.

① 상생 조합(고유수가 각각 같은 비율로 만날 때)

1	2	3	4	5
12/34	34/56	56/78	78/90	90/12
13,14 등	35, 36 등	57, 58 등	79, 70 등	91, 92 등
아생식	식상생재	재생관	관인상생	인생아
길(吉)	길(吉)	길(吉)	길(吉)	길&흉

② 상극 조합(고유수가 각각 같은 비율로 만날 때)

1	2	3	4	5
1·2/5·6	3·4/7·8	5·6/9·0	7·8/1·2	9·0/3·4
아극재	식극관	재극인	관극아	인극식
길&흉	길&흉	길&흉	길&흉	길&흉

③ 조절 조합(극 당하는 쪽이 하나 더 많을 때)

1	2	3	4	5
1·2/7	3·4/9	5·6/1	7·8/3	9·0/5
1·2/8	3·4/0	5·6/2	7·8/4	9·0/6
길(吉)	길(吉)	길(吉)	길(吉)	길(吉)

④ 견제 조합(극받는 고유수가 좌우로 있을 때)

1	2	3	4	5
515	737	959	171	393
626	848	060	282	404
516	738	950	172	394
615	837	059	281	403
……등 모두 길(吉), 더 많은 조합 가능				

⑤ 상극 조합(고유수가 극하는 쪽이 더 많을 때)

1	2	3	4	5
1 · 2/5 · 6	3 · 4/7 · 8	5 · 6/9 · 0	7 · 8/1 · 2	9 · 0/3 · 4
비극재	식극관	재극인	아극관	인극식
흉(凶)	흉(凶)	흉(凶)	흉(凶)	흉(凶)

(11) 간지와 관계

같은 십성이라도 간지에 따라 힘이 다르다. 아래는 그 예이다. 다른 십성에도 적용한다. 간지 기운이 같으니 중심수의 편관 7 기운이 더 강하다.

	간지 관계	고유수	중심수 특징
1	간지동 (干支同)	493 736 593 493 736 593	간지가 같으니 편관 기운이 강하다
2	지생간 (支生干)	615 958 815 493 736 593	지지의 생을 받으니 편인이 더욱 강해진다
3	지극간 (支克干)	837 170 037 493 736 593	지지의 극을 받으니 비견 기운이 약해진다
4	간극지 (干克支)	059 392 259 493 736 593	내가 극하니 식신 힘이 다소 약해진다
5	간생지 (干生支)	271 514 471 493 736 593	내가 생하니 편재의 힘이 다소 약해진다

〈간지와 관계〉

(12) 인연법

이름의 중심수로 보는 것이며 주로 궁합이라고 한다. 가장 간단하게 보면 서로 생하는 것이 좋다. 극이 될 때는 지지를 참고한다. 사람과의 인연, 자동차, 사는 동네 등으로 활용이 가능하다.

(13) 세운법

세운은 특정한 해의 운을 보는 것이다. 세운은 1년간의 기운이므로 이름 전체를 보지 않아도 된다. 원이름의 중심수와 보려는 해의 세운수로 본다. 세운은 삼재를 중시하는데 삼재는 불교에서 비롯된 것으로 어느 정도의 영향을 미치는지 과학적으로 접근하기는 어렵지만 무시 못 할 정도의 작용은 있다고 본다.

이름에서 삼재는 천간의 오행이 생하는 식신 3이나 상관 4가 되는 해를 말하는데 그중 상관 4를 더 나쁘게 본다. 불교에서는 12년 중 3년을 삼재로 보지만 이름에서는 10년 중 2년을 삼재로 본다. 삼재가 되면 주변 상황이 불리하여 노력에 비해 결과가 좋지 않거나, 저평가 받는 등 자신감이 떨어져 실패가 많다. 세운을 볼 때도 고정 운을 볼 때와 마찬가지로 기준점은 입춘이다.

세운 도출법은 '자음식'과 '자모음식'이 다른네 사음식은 '연도 기준'이고, 자모음식은 '이름 기준'이다. 한글소리작명법에서는 이름을 기준으로 한다. 다음은 각 세운의 특징이다. 세운은 중심 고유수와 세운의 중심수의 관계로 한다.

① 세운수 1

독립과 분리를 의미한다. 새로운 일을 시작하거나 도움받는 이를 만나 혁신적인 일을 추진하기도 한다. 사업 변동도 있으며 여행을 갈 일이 생긴다. 주어진 일에 역할을 한다.

- **(1·2)** 야망을 위해 노력하나 고집으로 주변과 마찰 발생. 무리한 사업 확장은 손해며 금전 관리가 필요. 투자 금지.
- **(3·4)** 주변의 도움이 있다. 관계 회복, 승진은 하지만 구설이나 망신은 조심. 대인관계가 좋아 계획의 성과가 있다.
- **(5·6)** 금전 거래나 보증은 금물이다. 지인으로 인한 손재가 있을 수 있으므로 신중하고 꼼꼼한 판단이 필요하다.
- **(7·8)** 좋은 사람의 도움으로 금전 걱정은 나아지지만 형제 걱정과, 솔직하지 않으면 오해가 생긴다. 명예 추구함.
- **(9·0)** 문서 취득, 결혼, 분가, 새로운 사업 구상은 좋으나 넓은 아량이 필요하다. 경솔하면 오해받는다.

② 세운수 2

과감한 판단으로 활력 있게 일을 추진하나 투기심을 조심해야 하며 가정에 신경 써야 한다. 집단행동의 성공으로 대인관계의 변동과 직장은 내부적인 변화가 있다.

- **(1·2)** 자신감으로 다양한 변화를 추구하나 가정불화 조심, 이사, 객지 장기 체류, 금전, 건강, 형제와 다툼 등 조심.
- **(3·4)** 개인에게는 좋은 결과가 있지만 조직은 갈등이 있으므로 고집과 사욕을 내려놓고 베풀면 좋다.
- **(5·6)** 사회적으로 성공하나 가정적인 실패 가능성이 높다. 보증, 금전 거래, 부부 갈등 심화, 금전 고통으로 어려움.
- **(7·8)** 주변 마찰로 상처를 받으나 시련 가운데 결과가 있다. 윗사람의 조언으로 인정을 받으며 금전이 넉넉해진다.
- **(9·0)** 열심히 쉬지 않고 노력한다. 문서의 변화가 있으며 과욕을 동반한 무리수로 경거망동하지 않아야 소득 있다.

③ 세운수 3

과욕을 부리면 어려움을 겪는다. 이름의 삼재로 불길함을 뜻하므로 즉흥적인 결정은 삼가야 한다. 여자는 출산하면 편안하게 된다.

(1·2) 승재관의 해로서 주위 도움으로 안정된 발전이 가능하다. 목적을 이루기 좋은 해다.

(3·4) 음식물 조심, 스트레스받지 않게 유의해야 한다. 위장, 생식기 질환, 주색으로 인한 실수도 주의해야 한다.

(5·6) 재능을 인정받아 발전하여 좋은 결과를 얻지만 과욕을 부리면 재산 손실이 생긴다.

(7·8) 평안한 가운데 여러 고비 겪는다. 환각, 환청으로 인한 범죄, 자살, 교통사고 조심. 여자는 남편과 갈등.

(9·0) 답답한 해로 가족 근심과 폐와 관련된 질병 유의.

④ 세운수 4

가장 흉한 해다. 이름의 삼재로 비관적이기 쉽고 염세주의에 빠져 신상에 불길하며 과욕은 금해야 한다. 혼란에 대한 해결에 발탁되기도 하고 드물게 크게 성공하기도 한다.

(1·2) 규칙적인 습관 필요, 과욕 금물, 불만족, 불안정, 고독으로 안정과 공사를 명확히 구분하고 신중해야 한다.

(3·4) 기복이 심한 해로 여자는 가정적인 불행이나 질병 관재, 시비를 조심해야 하며 남녀 불문 건강에 주의한다.

(5·6) 기발한 재능과 균형으로 사회적인 명성, 재물의 풍요와 안정이

어려움 속에서 이루어진다.

(7·8) 원명에 관성이 많을 때는 좋다. 그 외는 힘들고 새로 시작 시 잡음 있으니 바른 마음을 가져야 해결할 수 있다.

(9·0) 대수롭지 않은 일이 크게 문제 될 수 있으니 세심한 주의가 필요하다. 불안과 극단적 마음이므로 수양 필요하다.

⑤ 세운수 5

재주가 많고 개방적이며 역마 기운으로 분주한 해다. 재물 운이 좋으나 건강은 조심해야 한다. 활동 반경이 넓어지며 이성, 지출 관리가 필요하며 욕심부리지 않으면 무난하다.

(1·2) 투기, 투자는 주의를 요한다. 자만심으로 지출이 늘어나므로 절약하는 습관 필요. 금전 거래는 손재수 생긴다.

(3·4) 두각을 나타내지만 시기 질투를 받을 수 있다. 변화로 어려움을 겪으나 좋은 인연으로 해결되며 횡재수도 있다.

(5·6) 이성으로 풍파, 금전적 손해가 생기기 쉬우니 생활 안정과 가정 불화를 조심해야 한다. 덕이 부족해지기 쉽다.

(7·8) 가정적인 안정으로 능력을 발휘하며 다방면에 능수능란하여 뜻한 대로 인정을 받으며 분주한 해를 보낸다.

(9·0) 좋은 일과 나쁜 일이 번갈아 생기기 쉬우므로 부화뇌동하지 않

아야 한다. 원명에 9·0이 많을 때는 좋다.

⑥ 세운수 6

작은 것에 연연하면 큰 것을 잃는다. 성실하므로 힘든 상황이 와도 유연하게 잘 대처하면 안정된 생활을 한다.

(1·2) 가정에 신경 써야 한다. 경제적으로 거시적 관점이 필요하다. 타인과의 충돌은 피하고 맡은 책임감이 필요하다.

(3·4) 과욕을 부리지 않고 성실해야 성공한다. 절제 있는 경제활동을 하면 생각지 않은 도움으로 뜻을 이룬다.

(5·6) 명확한 일 처리로 믿음을 주어야 성공한다. 정도를 벗어나거나 과욕은 삼가야 한다.

(7·8) 관공서와 관련 있는 일은 좋은 운으로 사회적 명예와 경제적으로 성공한다. 과욕은 다툼으로 이어지므로 조심.

(0·9) 좋은 일과 나쁜 일이 겹쳐 마음이 산란하다. 투기와 부정적인 재물 추구는 실패하므로 올바른 노력이 필요하다.

⑦ 세운수 7

자신의 안위보다 명예욕으로 인해 대의명분이 우선시되는 해로 확실하지 않으면 실패하기 쉬우므로 나서지 말아야 한다. 배반, 교통사고, 수술을 조심해야 한다.

(1·2) 과한 욕심과 융통성 부족을 조심해야 한다. 금전 유통은 잘된다.

(3·4) 부주의로 인한 사고를 조심해야 한다. 이런 해의 실패는 몇 년 동안의 후유증이 있다. 관재, 구설, 가정불화를 조심하고 소득 없이 바쁘니 남 일은 나서지 말아야 한다.

(5·6) 공정한 일 처리로 승진, 합격, 당선 등의 뜻을 이룬다. 과하지 않은 적당한 권모술수는 도움이 된다.

(7·8) 화합이 어려운 해로 타인의 조언을 들어야 한다. 과한 언행은 구설로 이어지므로 언행일치가 필요하다.

(9·0) 본인이 노력하여 취득한 문서는 좋다. 바른 생각과 가치관은 여러모로 좋은 작용을 한다.

⑧ 세운수 8

귀한 기운의 해로 명예로운 해다. 승진, 합격, 당선에 유리하다. 가정적인 안정으로 사회적인 성과가 있다.

(1·2) 자신의 위치에 맞는 언행으로 타인과 융화한다. 금전 유통도 잘되어 약간의 어려움이 있어도 차차 풀린다.

(3·4) 본래 명성이 있었다면 문제가 발생하기 쉽다. 가정불화로 힘들

며 타인과의 시비로 인한 구설을 조심해야 한다.

(5 · 6) 직장인은 승진하고 사업가는 명예로운 일로 부러움의 대상이
되어 인정받는 좋은 해다.

(7 · 8) 명예에 대한 집착으로 혼란과 불화가 생기기 쉬우니 순리적인
언행과 인내가 필요하다.

(9 · 0) 욕심을 버리고 공정한 일 처리로 바르게 대처하면 문서적인 면
에서 이득이 생긴다.

⑨ 세운수 9

시작의 반복, 권모술수, 독특한 견해로 불가능한 꿈을 실현하고 싶은
욕심이 생긴다. 이별, 실패, 실권, 문서 문제, 의식주 불안이 생길 수 있
으므로 올바른 언행이 필요하다.

(1 · 2) 도전과 실패를 거듭하면서 자신의 독특한 꿈을 실현하려 하나
순탄하지 않다. 과욕은 기존의 질서와 충돌한다.

(3 · 4) 생각과 현실의 차이로 사건이 발생하여 파직, 파산, 사고, 질병,
실물수를 조심해야 한다.

(5 · 6) 과욕과 득실 관계로 비난을 받으므로 자숙이 필요하다. 직장 변
동, 주색, 식중독을 조심해야 한다.

(7 · 8) 이사, 여행 등 새로운 변화를 분수에 맞게 하면 큰 결실을 맺거

나 반전의 계기가 된다.

(9 · 0) 지혜가 필요하다. 기초 지식, 사회 문제 재조명의 욕망으로 선
구자가 되나 예상치 못한 돌발 상황을 조심한다.

⑩ 세운수 0

마무리가 필요한 해다. 심신이 안정되는 해로 존경을 받으며 지금까
지 해 왔던 일에 대한 실적 발표, 자격 취득에 유리하다. 타인의 어려운
부탁을 할 수 없이 떠맡기도 한다.

(1 · 2) 문서 면에서 원하는 바를 이룬다. 지위, 재물, 인간관계 등을 확
장하는 해로 자신의 고집은 조심해야 한다.

(3 · 4) 부모를 모시게 되거나 가족을 위해 희생을 한다. 자신이 가진
지식을 경제적으로 이루고 싶어진다.

(5 · 6) 남을 위한다는 자기만의 착각으로 마음대로 행동하면 불신감
이 생기므로 타인의 의사를 존중해야 한다.

(7 · 8) 관리 능력이 탁월해지며 어려움이 해결되어 여유롭다. 하지만,
방심으로 인한 재난은 주의가 필요하다.

(9 · 0) 교육계나 연구 계통에서 인정받으며 활발한 활동을 한다. 다만,
돌발 상황이 생기기 쉬우니 조심해야 한다.

(14) 글자에 씌워진 프레임

  '자음식'은 이름자에 경, 신, 진, 강, 등을 흉하게 보고, '자모음식'은 양, 향, 영, 형, 신, 진 등이 흉하게 본다. '바른네임'은 양, 향은 흉하게 보지만, 영, 형, 진, 신은 좋게 본다. 물론 어떤 글자와 함께 있느냐에 따라 다르다. 여기서는 함께 있는 글자를 제외한 단독적인 이 글자들만의 관점이다.

  이에 대하여 '21대 국회의원' 299명으로 이름자의 '영'과 '형'의 길흉을 연구하였다. 여기에서는 연구 결과만 간략히 소개한다. 21대 국회의원의 이름으로 비교 연구한 이유는 이도 객관적이라고 할 수는 없으나 한 나라의 국회의원이라면 삶이 흉凶보다 길吉한 쪽에 가깝다고 판단되기 때문이다. 결과는 필자가 수년 동안의 임상과 같았다. 21대 국회의원은 모두 299명이다.

  '영'과 '형'은 음양만 다른 같은 오행이므로 하나로 묶었다. 21대 국회의원 299명 중 '영'과 '형' 자를 이름자로 쓰는 경우는 41명으로 13.7%이다.

  우리가 이름자로 쓰는 글자가 수없이 많은데 299명 중 41명, 13.7%라면 매우 높은 비율이다. 무턱대고 '영'과 '형'이 나쁘다며 프레임을 씌울 필요가 없다는 것이 연구의 결과이다. 기존 '자모음식'으로 오행을 설정하면 '영'의 'ㅇ'은 무토, 'ㅕ'는 을목, 'ㅇ'은 무토로 모두 극의 관계이므로 흉이고, '바른네임식'으로 오행을 설정하면 '영'의 'ㅇ'은 무토, 'ㅕ'는 신금, 'ㅇ'은 무토이니 서로 생이 되어 흉이 아니다. '형'도 마찬가지다. 'ㅎ' 은 기토, 'ㅕ'는 신금, 'ㅇ'은 무토로 모두 상생이 되니 흉이 아니다. 그러 므로 이 글자 외 특정 글자도 미리 길흉을 정해 놓고 프레임을 씌우면 안 된다.

2

실전 감명 스킬

(1) 고유수의 조합

육신과 십성은 다르게 해석해야 한다. 극단적인 예이긴 하지만 6이 2를 만나면 재성이 극을 당하므로 흉하다. 그렇다면 배우자를 잃었는데 보험금으로 받은 금액은 상상을 초월한다. 어떻게 해석해야 할까? 길인가 흉인가? 아니면 길흉이 반반인가? 육친과 십성을 다르게 해석해야 되는 이유이다.

비견 1은 나이고 내가 무언가 성취를 하려면 어떤 방식이든 표현해야하므로 식상 3·4가 필요하다. 3·4는 5·6이 있어야 목적을 이룬다. 정재 6과 정관 8은 눈앞의 이익에 관심이 많기 때문에 멀리 보는 습관이 필요하다. 7·9는 환경이 본인에게 유리하면 크게 성공하는 발판이 된다.

8은 앞에 잘 나서지 않고 뒤에서 7을 이용하며 미래를 계획한다. 9·6은 현실 자각이고 6·9·3은 지극히 현실적이다. 2와 9가 나란히 있으면 남을 잘 믿지 못하여 자기 스스로 최고가 되어야 한다.

중심수 1·3은 비견이 능력 발휘하는 것이며 믿음과 신뢰를 바탕으로 가족이나 친구들과 동업하는 것이다. 3·1은 비견을 대변하고 보호하는 것으로 1은 내부인을 챙기는 것이고, 2는 외부인을 챙기는 것이다. 둘 다 있으면 둘 다 챙기느라 바쁘다. 1·2와 3·4의 조합은 열심히 살고, 3·4와 5·6, 5·6과 7·8의 조합은 현명하게 사는 것이며, 7·8과 9·0의 조합은 똑똑하게 사는 것이다. 3·4와 7·8의 조합은 항상 명예에 대한 간절함이 있다.

2·4·7은 거칠고 험한 기질로 타인에게 불안한 마음을 갖게 하며, 겁재 2는 타인의 간섭이나 명령, 통제를 받지 않으려 거칠게 저항하며 투쟁한다. 상관 4는 자아적 심리가 강하여 자신의 생각을 밀고 나가며 반항적이다. 7은 자신이 판단해서 불합리한 명령이라면 불복한다.

5·7, 6·8은 FM(양양, 음음)대로라서 사사로움이 없지만, 5·8, 6·7은 음양(양음, 음양)이 되어 봐주기나 부정부패의 여지 등으로 중도에 중지되기도 하며 애매하다.

5·8은 현 상황이 중심이며 필요한 곳에만 에너지를 쓰고 내 기분에 따라 불규칙적이라 관을 지향한다. 사회로 나가고 싶으면 적극 노력하지만 남자는 보기보다 배포가 작다.

천간의 5·1은 편재의 특성이 시원하고 능수능란한 사업가 기질로 손익에 대한 감각이 뛰어나다. 공사의 구분과 경계가 모호하지만 기본적으로 생존 본능이 강하며 겁재 2에 비해 편재의 성향은 줄어든다.

지지의 7·3은 식신의 깊이 있게 몰두하는 사유 능력이 음양이 같은 편관을 강하게 제어하여 외부에 미치는 나의 영향력을 의식하며 타인 기준에 맞추게 스스로 규제한다.

6·7은 주변에 나의 도움이 필요한 사람이 많아 해결사 노릇을 하느라 바쁘다. 위기가 오면 술수로 위기를 모면하려 하고 6이 8을 생하면(6·8) 융통성 없이 주어진 것에만 충실하다. 6·5는 유행에 대한 편재의 감각을 금전으로 유통해 축적할 수 있게 한다. 정해진 사회적 역할에 충실한 정재와 편재의 신선한 감각을 접목하여 새로움을 시도하는 것이다.

6·9는 도식 작용을 제대로 막지 못한다. 5·9는 도식 작용을 막는다. 6·0은 남에게 의지하지 않고 성실히 살고자 한다. 편인은 식신을 무력하게 하여 식신생재를 하지 못하게 하고 편인에 흡수되어 게을러진다.

9·6은 현실에서 벗어나 자유롭게 자신의 삶을 살면서 정재의 현실감각을 가진다. 0·5는 능력을 극대화하여 포장하고 상품화시켜 활용한다. 편재의 자유분방한 감각이다. 재성도 없고 인성도 없으면 재산을 유지하기 어렵다. 5·6이 많은데 7·8이 없으면 수전노 성향이 있다. 6·7은 설기가 강하며 감성적이다. 6·7(재생살)은 잘해 주고 욕먹는 경우가

많고, 6·8(재생관)은 생각하면서 해 준다. 6·1, 6·2는 착실히 모은 돈이 나가는 것이고, 5·1, 5·2는 크게 벌기도 하고 크게 나가기도 하여 등락이 심하다. 6·0은 정확한 재극인으로 재에 대한 관심이 많아서 재를 욕심내다 인성의 도리를 못 하므로 돈 때문에 양심을 거스르는 것이다.

인간성과 대인관계는 인성에서 나오는데 적절하게 조절하려면 정재 6이 반드시 필요하지만 6의 욕심이 지나치면 현실에 대한 집착으로 인성의 가치관이 무너진다.

9는 3·4가 없어도 스스로 도식 작용을 하므로 5가 있는 것이 좋다. 9·5는 큰 재미이고 9·6은 작고 소소한 재미이다. 5·7은 5의 성향이 강하고, 5·8은 6의 성향이 강하다. 5는 과시하려고 명품을 사고, 6은 명품을 좋아하지만 명분이 없거나 쓸데없는 것은 사지 않는다.

식당을 정할 때 5는 맛도 좋고 조망도 좋아야 되지만, 6은 조망보다 맛이 있어야 간다. 5는 상품 가치를 따지면서 어떻게 돈을 벌까를 궁리하여 돈을 불릴 생각을 하고, 6은 세밀하고 꼼꼼하여 자기가 좋아야 하며 저축할 생각을 한다.

5·1은 공동투자나 동업이고, 5·2는 투기 성향 강해서 한탕주의가 강하다. 5는 전체적인 수익을 중요시하는데 망해도 사업력이 있어서 재기할 수 있다. 5·0·4는 적당한 재극인으로 원래 있던 이론에 자기의 이론이나 방식을 추가해서 내놓으며, 6·0·4는 각각 품목별로 수익을 따지는데 망하면 사업력이 없어서 재기 불능이다. 3·6은 재에 대한 활용과

응용이다. 천간에 있는 재는 없어도 있어 보인다. 4·6은 재에 대한 집착이나 욕심이 많다. 5·6에 7·8이 없으면 욕심이 많아서 갖고 싶은 것도 많고 다 가져야 되지만 탈재에 약하다. 9·5는 편인의 고독을 해결해 주려고 한다. 5·9·3은 대처 능력이 좋다. 천간 5·6 아래 지지 1·2가 기둥으로 있으면 이재에 밝아 수단과 방법을 가리지 않는다. 1·2가 많으면 독단적이라 교제가 어려워 고독하고 직장이나 동업보다 자유업이 좋다. 0·1이나 1·0은 결단력이 부족하다. 귀가 얇아 보증이나 욕심으로 손해를 보기 쉽다.

정인은 관리 감독하는 것이고, 식신은 직접 몸을 쓰면서 일하는 생산직이다. 정인과 식신은 식신이 극을 당하는 입장이지만 합이 되기도 하므로 학자적인 마인드로서 자기중심적이 된다.(0·3) 그러므로 자기 점검을 잘하여 아는 것과 모르는 것에 대한 메타인지력이 좋다. 0·4는 몰라도 아는 것처럼 꾸며서 말하는 재주가 있다. 5·6과 7·8은 사회적 조건과 환경이면서 나를 점검하는 것이다.

4·9는 상대가 좋아하는 것에 맞출 줄 알기 때문에 0·3보다 서비스가 좋다. 4·9는 나보다 상대에게 초점이 맞추어져 있으므로 나를 위해 무엇인가 채우고 충족하는 것은 부족하고 남에게 어떻게 하면 더 재미있게 잘할까를 고민한다. 4·4·9, 4·9·4는 타인의 불편한 마음을 잘 해결해 주므로 작가, 컨설턴트, 심리 상담 쪽에 특화되어 있다. 0·4은 할 말 안 할 말을 가리지 못하고, 9·4는 말을 적절하게 가려서 세련되게 하

며 본인 할 말을 다 해 가며 다음에 무슨 말을 할지를 계산한다. 그러므로 둘 다 말은 잘하는데 4·9가 더 비밀스럽고 세련되게 한다.

5·6, 0, 3·4로 연결되면 특별한 목적 없이 놀고 싶은 욕심으로 쉽게 시작하고 내 이익을 위해 상대를 속이는 것도 잘한다. 5·6, 9, 3·4는 치밀해지므로 내가 먹고살기 위한 목표와 목적이 있다.

편인 9는 식신을 강하게 제어한다. 편관 7이 너무 많으면 친절이 지나쳐 오지랖이 되기도 한다. 4·8의 말은 자기는 친절하게 말을 한다지만 상대방은 기분이 상한다. 1·2가 많거나 1·2가 5·6을 보면 자신이 한 일에 생색을 낸다. 7·3·7은 적절한 조절이다. 7·3은 3이 7을 극한다고 보지 않고 나를 과하게 억압하는 편관의 힘을 조절하는 것으로 본다. 특히 1·2가 약하거나 없을 때는 더 좋은 역할을 한다.

양이 강하면 극하는 것이 좋고, 음이 강하면 설기가 좋다. 양이 약하면 인성이 좋고 음이 약하면 비겁이 좋다. 간여지동은 좋은 기운을 더 좋게 하고 흉한 기운은 더 흉하게 한다. 극은 1대 1의 같은 질량이나 극하는 기운이 더 강하므로 적절한 조절이 아니라 극을 받는 쪽이 상한다.

오행의 극은 좋은 작용도 하지만 흉한 작용도 하므로 십성에 따라 다르게 해석해야 한다. 남자의 이름에 비겁이 재성을 보면 무조건 재물이 깨지고 부인과 헤어진다는 것은 단편적인 해석이므로 폭 넓은 해석이 필요하다. 정인이 비견으로 연결되어 식신을 만나면(0·1·3) 이기적이나 깊이 있는 공부를 하기에 좋다. 하지만 상관으로 이어진다면 (0·1·4) 처음 시작은 깊이 있는 공부였다가 시간이 지날수록 마음이 급해져 수박 겉핥기식 공부가 되기 쉽고 금방 배워서 써먹는 재성으로 연결된 공부를 하게 된다. 하지만 9·1·3이나 9·1·4로 이어지는 편인은 다르게 해석한다. 이름에 편관이 많으면 나를 극하여 겁재의 능력이 나보다 좋아지므로 나의 경쟁력은 약해진다. 이때 식신이 편관을 조절하여 3·7·9로 이어지면 편관 7이 약해진 나를 지나치게 극하는 것을 막아 주어 자신의 특기를 발휘할 수 있게 된다. 하지만 경우에 따라 다르게 판단해야 한다. 정관은 극을 받지 않는 것이 좋은데 이미 겁재를 극하여 정재를 살리면서 적절하게 조절하고 있기 때문이다. 그러므로 상관이 개입하면 오히려 본인의 명예에 치명타를 입기 쉽다. 그래서 4·8이 인정을 받기 힘들고 불명예 퇴직을 하기도 하는 등 내가 아닌 겁재를 살아나게 한다.

식신이 편관을 만나면(3·7) 비견이 살고 살아난 비견이 다시 식신을 생하는 순환이 된다. 하지만 정확한 상황은 이름 전체의 구조에 따라 다르다. 상관은 욕심이 많아 재와 관을 모두 취하여 여러 명의 조직을 갖고 싶어 한다. 비겁이 식상을 만날 때도 비견과 겁재, 식신과 상관을 다르게 해석해야 한다. 식신을 만난 1은 성격이 무던하여 인기가 있다.

2·4는 남을 위해 희생하므로 인기는 있으나 비판적인 성향이 강하며, 돈 버는 재주가 있는 사람끼리 뭉친 것으로 야당 성향의, 비판 세력이다.

하지만 중심수에 있으면 자기를 희생하여 남 좋은 일만 하며 대신 욕받이 역할을 한다. 십성이 다 있으면 오행의 순환이 막힘없이 원활하니 제일 좋다.

9·6은 편인이 한 방면에 치우쳐 몰두하는 비현실성에 정재의 현실성이 가미되므로 좋은 작용을 한다. 9·5는 다른 것을 잘 못 받아들이기 때문에 혼자 판단하여 집착하게 된다. 그래서 편인의 비현실성을 더 강하게 한다. 편인이 식신을 극하는데 편재가 편인을 극하면 식신이 산다.(3·9·5) 식신 3은 주로 연구를 하며 상관 4는 연구보다는 짧은 지식으로 빠르게 제품을 개발하고 발명하여 재로 연결하려 한다. 4는 임기응변은 강하지만 일관성은 떨어진다. 이때 편인 9를 만나면 한 방면의 깊이 있는 연구가 가능하다.

상관이 강한데 재가 발달되면 연애는 오래가지만 바람기도 많다. 이때 재가 관으로 이어지면 괜찮다. 4가 9를 만나면 자기만의 특별한 분야에 최고가 되고 0을 만나면 한 방면보다는 다양한 방면에 능하다.

음양의 비율로 편중성을 보고 간지로 상황을 판단하며, 십성으로 행동방식과 관계를 본다. 양이 양을 생하면(3·5) 자발적인 것이고, 양이 음을 생하는 것은(3·6) 주변 환경과 인맥을 활용한 것이고, 음이 양을 생하는 것은(4·5) 자신의 희생과 불이익 감수하고 쟁취하는 것이다. 음이 음을 생하는 것은(4·6) 결국 최종적으로 자기가 쟁취하는 것이다.

여자의 이름에서 대운으로 천간 중심수가 인성이면 남자에게 관심을 받고, 식상이면 본인이 먼저 관심을 보인다. 남자는 관성이면 여자 쪽이 먼저 관심을 보이며 식상이면 내가 먼저 관심을 보인다. 여자는 대운으로 보아 이름 마지막 자 지지에 3·4나 9·0이 강하거나 간지 기둥으로 오면 외도의 의미가 커진다. 남자는 7·8이나 3·4가 합되거나 간지 기둥일 때다. 이름 끝 자에 배우자 성이 있으면서 천간과 생의 관계라면 더 강하다. 신생아 작명은 원칙 연주로 하고 개명 시에는 대운의 조건이나 환경의 흐름도 참고한다.

2·4·8·0은 까다로운 편으로 상황에 따라 눈치껏 행동하고, 1·3·7·9는 한순간에 무엇인가를 이루려 하고, 5·6은 부드럽지만 자신을 조절하는 능력이 뛰어나며 분위기를 봐 가면서 행동하는 이중적인 면이 있다.

(2) 간지에 따른 생극의 힘

① 목

2012년 壬辰생 송명규(남)

315 145 98 壬

971 701 54 辰

천간의 재 5는 토극수로 이루어진 재로서 실현 가능성이 높고 스케일이 크기 때문에 부동산 중개, 결혼 중개, 사업자 간의 중개, 무역, 운수업, 은행업 등, 특유의 중재 역할에 두드러진 능력을 보인다. 재가 수水이므로 남들에게 보이지 않게 은밀하게 재물을 축적하고 장애물이 나타나면 피해 가므로 유연하게 분산투자하는 능력이 탁월하다. 7·1·7은 내몸이 상하더라도 안전하게 본인 선에서 재의 문제를 해결하려는 알뜰한 마음과 1·5·1의 위험부담은 있지만 주변의 지인을 이용하여 큰 재물을 벌고자 하는 마음 사이에서 갈등한다. 지지 진辰의 편관 7은 약한 편이라 건강에는 도움 되겠지만 천간 1·5·1 파재의 불리함에는 도움이 되지 못하므로 파재는 피하기 어렵다. 지지의 편재 5는 천간 5보다 강하므로 말년으로 가면 재물적으로 다소 안정적인 모습을 보일 것이다. 이처럼 같은 십성이라도 간지에 따라 다르게 해석해야 한다.

② 화

2015년 乙未생 송명규(남)의 경우

648 458 29

082 892 63

천간의 재는 금극목으로 이루어져 이론보다 실전에 능하다. 금이라는 결단의 기운과 목이라는 새로움의 기운이 창작이나 교육, 아이디어 등의 분야에 능력을 보인다. 천간의 관 8은 목극토로 이루어져 순수하고 솔직하며 예민하다. 교육과 인연이 많으며 오지랖이 많고 봉사하는 마음이니 희생적이다. 성에 있는 8은 4의 극을 받으며 이름 첫 자의 4와도 마주하므로 정관의 기존 규율과 체계를 유지하고 싶은 관념과 상관의 개혁의 어긋남으로 인해 이상과 현실 사이에 갈등이 많다. 하지만, 4 옆에 6과 5가 있어서 4의 기질이 다소 약해질 여지는 있다. 지지의 8은 상황 인식력이 뛰어나므로 위기에 중립적이고 이성적인 대처에 강하다.

수는 토라는 장애물을 만나면 본인에 대한 자각하므로 어떤 행동을 해야 될지 아는데 상대방에 대한 이해로 이어져 손해 보지 않는 선에서 양보하여 쓸데없는 소모전과 다툼을 만들지 않는다. 이런 성향은 9와 2로 이어지며 한 분야에서 성과를 이루나 2가 6을 보는 구조로 이어지니 결과는 신통하지 않다.

③금

2018년 戊戌생 송명규(남)의 경우

971 701 54

971 701 54

간지가 같다. 천간의 재는 목극토가 된 재로 실제로 부자가 많다. 부동산과 인연이 많으며 넓은 대지 위에 새 건물을 짓는다거나 신품종의 작물을 재배하여 수익을 올리는 등 땅을 이용하여 재물을 축적하는 것이 효율적이다. 지지의 재는 목극토가 된 재라기보다 제대로 갖추어진 재로 본다. 이처럼 금화교역이 이루어진 재일 경우 토의 역할이 작용하므로 비겁의 극으로부터 어느 정도 보호받는다.

④ 수

2021년 辛丑생 송명규(남)

204 014 85

082 892 63

폭발적인 에너지다. 주로 예술, 첨단 기술, 연예계를 비롯한 혁신적인 환경이다. 세련된 멋쟁이로 대중의 이목을 집중시키며 다양한 활동성을 갖고 있다. 단단하고 계획성 있는 재이다. 사회생활을 진취적으로 잘하는 성향이 8을 만나 최고를 향한 과욕이 생겨 일을 벌이지만 4로 인해 진취적인 성향이 침해를 받으므로 마무리는 약하다. 지지의 8은 상황 인식력이 뛰어나므로 대처력이 좋다. 64년은 갑진으로 간지가 극되나 목이 강하여 지지를 참고하되 천간에 더 비중을 둔다.

3

실제 사례

소리작명 방식은 크게 두 가지로 '자음식'과 '자모음식'이다. 필자는 '자음식'과 '자모음식'을 모두 접하였다. '자음식'은 이우람 선생의 책으로 독학하다가 나중 그의 후계자인 이대영 선생에게 배웠고, '자모음식'도 책으로 독학하다가 예지연(본명 안영란) 선생에게 배웠다.

소리작명의 획을 그으신 두 분을 감사하게 생각한다. 학문은 발전해야 하고 변화해야 된다. 우리 작명법이 '한자식'에서 '자음식'으로 발전하였고 '자음식'에서 다시 '자모음식'으로 발전하였으며 그동안 모음 오행 분류에 대한 근거를 찾지 못했던 '자모음식'도 새롭게 모음 오행을 정립하여 연구와 임상을 마치고 공개했다.

아래는 기존 작명법과 새로운 작명법을 비교해 보았다. 기존 작명법에 대한 의도는 없다. 다만, 새로 제시하는 것이므로 기존을 언급하지 않을 수 없기 때문이다. 과거 '자모음식'이 기존 '자음식'과의 비교로 시작한 것과 같은 맥락이다. 무언가를 설명할 때, 비교하는 것이 이해가 가장 쉽다. 세 방식의 감명 결과는 차이가 큰 것도 있고 별 차이 없기도 하였다. 아래는 모 사주 사이트에 있는 이름의 순서대로 10명과 나머지 10명으로 모두 20명의 이름을 단편적인 통변으로 비교하였다. 파동작명법은 '자음식', 기존 자모음식은 '자모음식', 한글소리작명법은 '바른네임'으로 표기하였다.

(1) 장○원 (남자)

	장○원	자음식	자모음식	바른네임
1	1967	79 7× 91	740 79 0202	740 78 0282
	4/13	91 9× 13	962 91 2424	962 90 2404

① 자음식

성은 1·7·9로 이루어져 있고, 3·4와 5·6이 없다. 이름에도 3·4는 있으나 5·6이 없으므로 재물과 부친 운이 약하다. 다만 1·3 승재관이 있어서 어느 정도의 재운은 있다고 본다. 군인, 검찰, 경찰 방면으로 좋은 기운이다.

② 자모음식

7·4·0과 9·6·2로 성의 천간은 0이 4를 극하여 관성 7·8이 살아나고 다시 편관 7이 살아나는 구조이다. 지지는 2가 6을 극하여 9가 살아난다. 성은 선천적으로 명예가 좋다고 본다. 6이 지지에서 극을 당하고 있어서 남들에게 드러나지 않는 재물이나 소중한 것에 대한 집착 또는 애로 사항을 예고하고 있다. 이름은 7이 9로 잘 이어진 관인상생이다. 다만 9·0의 중첩을 비롯한 0·2·0·2의 중첩과 지지의 인성 또한 1·2의 동화작용으로 강한 것으로 보아 말년은 본인의 아집이 너무 강해지므로 주의를 요한다. 다만 2·4·2·4 중첩의 흉함은 인성의 기운으로 약해지므로 7·8이 의미하는 자녀나 본인의 명예에 치명적인 문제는 발생하지 않는다고 본다. 오히려 천간은 자녀나 명예에 좋으며 자녀로 인한 애로는 지지 속에 감추어져 있으므로 남모르게 걱정하는 자녀다. 현재 자녀의 상황과는 조금 거리가 있다.

③ 바른네임

성은 평생의 기본 바탕으로 선천이고 이름은 후천이다. 7·4·0과 9·6·2로 0·4는 상관패인이 됨과 동시에 관성 7·8이 살아나는데 다시 편관 7이 살아나니 관운이 좋은 구조로 선천적으로 명예가 좋다. 지지는 2·6으로 소중한 내 것인 6(정재는 재물과 배우자만을 의미하지 않는다. 정재는 내가 소중하게 생각하는 물건이 될 수도 있고, 나의 건강이 될 수도 있고, 나의 자녀가 될 수도 있다)이 겁재의 극을 받으므로 타인에게 내 것을 빼앗길지도 모른다는 압박감이 있는데 9까지 살아나므로 이러한 성향이 더 강해지므로 집착, 의심 또는 애로 사항이다. 7·8이 혼잡되니 자녀에 대한 애로 사항임을 유추할 수 있다. 하지만 설기로 해결했으므로 약간의 고충은 있지만 결국 인성 0인 부모에게 물려받은 배경과 능력으로 해결을 한다. 이 이름은 0의 역할이 중요하다. 지지의 9·0 중첩의 흉함도 2가 해결하니 약간의 풍파는 예상되지만 결국 본인이나 동료의 힘으로 해결을 한다. 이때의 2는 평상시는 2 겁재 작용을 하지만 유사시에는 2가 1의 작용을 대신하기도 한다. 말년으로 갈수록 고상하고 명예로운 삶을 살게 될 가능성이 높다.

(2) 권○동 (남자)

	권○동	자음식	자모음식	바른네임
2	1960	86 13 53	7535 133 593	7535 113 593
	4/24	97 46 86	0868 466 826	0868 446 826

① 자음식

성은 재관인으로 되어 있다. 이름에 비겁과 식상이 있으므로 오행을 두루 갖춘 이름이다. 중심이 승재관이지만 작용을 제대로 한다고 볼 수 없다. 성과 이름 첫 자의 재가 깨져 있기 때문이다. 자음식에서는 승재관이 제대로 작용하려면 재관이 극이 없어야 된다. 그 외는 좋은 이름이다.

② 자모음식

자음식과 큰 차이는 없다. 성에 돈과 명예를 갖고 있다. 1·3·3의 3·3 중첩이 7·8 관과 나의 표현 방식의 문제를 불러오고, 과한 3의 생을 받은 5는 9를 극하여 다시 3을 살아나게 한다. 이 이름은 식상이 강한 편인데 혼잡까지 있으니 항상 말을 조심해야 구설에 휘말리지 않는다. 지지 6·6의 중첩으로 학문이나 문서에 문제가 생기기 쉬우나 생을 받아 강한 8이 겁재를 극하니 정재는 보호받는다.

③ 바른네임

돈과 명예를 갖고 태어났다. 1·1의 중첩을 3이 해결을 하였고, 3의 생을 받은 5가 9를 극하여 식상이 더 강해진다. 천간에는 식신이, 지지에는 상관이 강하니 항상 말을 조심해야 구설에 휘말리지 않는다. 지지 4·4의 중첩은 6이 해결하고 생을 받은 8이 2를 제하니 정재는 보호받는다. 성에는 인성이 잘 살아 있지만 이름만 부르면 인성이 약해져 식상 과다의 불리함이 커지므로 이름 전체를 부르는 것이 좋다.

(3) 한○진 (여자)

3	한○진	자음식	자모음식	바른네임
	1981	35 4× 26	386 32 126	386 32 146
	10/27	35 4× 26	386 32 126	386 32 146

① 자음식

성의 식신생재로 재물을 늘리거나 만드는 데 좋은 작용을 한다. 본인의 재주로 재물은 키우되 관리하는 힘이 부족하고 중심자가 4라 똑똑하지만 배우자 운이 부족하다. 재물을 만들지만 지키는 힘을 약화시키는 겁재가 항상 나의 재물을 겁탈하려고 호시탐탐 노리고 있다.

② 자모음식

성의 3·8·6은 평범하지 않은 배우자를 의미한다. 이름에도 배우자를 의미하는 7·8이 없기 때문에 그 기운이 더 강하다. 3·2 승재관이 1·2·6으로 이어져 내 재능으로 열심히 재물을 만들지만 2·1·2 비겁이 혼잡으로 정재를 극하므로 말년으로 갈수록 파재와 배우자와의 불화 극복에 힘써야 한다.

③ 바른네임

성의 3·8·6은 식상이 정관을 보고 있어 배우자나 직장의 불리함을 예고한다. 하지만, 이런 경우 나이 차이가 나거나 자기가 가진 것에 비해 조금 눈을 낮춘 배우자를 선택하거나 평범하지 않은 배우자나 직업을 가지면 그 흉함이 줄어든다. 3·2가 1·4·6으로 이어져 나의 재능으로 재물을 만들지만 2·1 비겁의 혼잡과 과다로 약간의 어려움은 발생할 수 있으나 바보 상관 4가 비겁의 흉함을 설기로 해소하고 마침내 정재까지 보호하므로 말년까지도 충분히 재를 보전할 수 있다. 자녀에게 기쁜 일과 배우자와의 불화도 대체적으로 해결된다.

(4) 기○용 (남자)

	기○용(89)	자음식	자모음식	바른네임
4	1988	6×91 11	59 901 181	51 991 181
	1/24	6×91 11	59 901 181	51 991 181

① 자음식

특이하게 비견이 아주 강한 이름이다. 그러므로 재성이 약해질 수밖에 없다. 성의 정재로 인해 주어진 재물 운은 좋지만 이름의 강한 비견은 성의 정재를 유지하기 어렵게 한다.

② 자모음식

성에서 건강 또는 학업과 문서의 불리함이 예고된다. 90의 중첩은 부동산으로 인한 곤란함이며 바로 이어진 1·1의 중첩과 9·0의 중첩은 삶의 풍파를 일으킨다. 1·1의 중첩을 8로 해결한 듯 보이지만 바로 옆에 또 8·1이 와서 제대로 해소할 수 없으므로 1·1의 중첩이 불러오는 배우자나 재물, 부친의 문제는 피할 수 없다. 하지만, 나이 차이가 많이 나는 평범하지 않은 결혼으로 상당 부분 상쇄가 된다고 본다.

③ 바른네임

성의 5·1로 주변인과 함께하는 재테크는 신중함이 필요하다. 육친적으로 부친과 배우자와의 곤란함을 예고하고 있으나 나이 차이가 많은 평범하지 않은 결혼으로 상당 부분 상쇄가 된다. 9·0의 중첩은 부동산으로 인한 곤란함이 예상되지만 바로 1·1이 와서 9·0의 중첩은 해결한다. 배우자나 재물, 부친의 문제는 있으나 8·1이 바로 와서 1·8·1로 하나를 잡아 주기 때문에 약간은 해소된다. 다만, 9·0과 1·2는 동화작용을 하므로 삶의 적잖은 풍파는 대비가 필요하다.

(5) 김○희 (여자)

5	김○희	자음식	자모음식	바른네임
	1966 2/25	35 3× 99 46 4× 00	375 349 08 486 430 97	395 389 00 406 470 99

① 자음식

식상생재로 이루어져 있다. 중심자가 3식신으로 자녀 운이 좋은 듯 보이지만 이름 끝 자의 강한 인성으로 자녀와의 인연이 좋지 않고 자녀로 인한 애로 사항의 발생을 의미한다.

② 자모음식

식상이 관성을 보아 배우자와 직업 운이 약한 데다 9·0의 중첩을 8이 더 심화시키므로 8의 입장에서는 기운이 빠져 힘들고 9·0 입장에서는 그렇지 않아도 과한데 8까지 도와주고 있으니 도움이 아니라 오히려 짐이 되어 흉하다. 3·4 식상이 9·0 인성을 마주하니 자녀와의 인연이 약하다.

③ 바른네임

자모음식과 큰 차이는 없는데 자녀 운이 조금 더 낫다.

(6) 박○선 (여자)

	박○선(59)	자음식	자모음식	바른네임
6	1960	86 22 04	766 252 024	766 292 004
	1/22	19 55 37	290 505 357	299 545 337

① 자음식

성에서 식상이 없다. 자녀로 인한 어려움을 말하는데 자녀를 의미하는 4가 0을 만나 더욱 흉한 작용을 한다. 성의 끝 글자가 중심자의 극을 받고 있으니 재물 운도 약하다. 3이 7을 만나 남편 운도 약하다.

② 자모음식

배우자 운과 자녀 운은 좋으나 중심수 2·5·2로 재물이 완전히 깨지며 5·0·5로 문서도 없다.

③ 바른네임

성의 6·6 중첩을 이름 첫 자로 해소해 주어 2·9·2로 재물 면으로는 상당히 유리한 작용을 하지만 말년으로 갈수록 자녀와 배우자의 인연은 좋지 않다. 0·4나 3·7이 한 번씩만 만나 있으면 흉하지 않으나 9·0이 중첩으로 3을 만나는 것이나 3·4가 중첩으로 8을 만나는 것은 흉하다.

(7) 박○계 (남자)

7	박○계	자음식	자모음식	바른네임
	1963	20 22 0	100 162 04	100 142 03
	4/27	42 44 2	322 384 26	322 364 25

① 자음식

성이 인비식으로만 이루어져 있는데 이름도 마찬가지이다. 승재관은 있으나 이를 받쳐 주는 재관이 없으므로 승재관 작용을 제대로 하지 않는다. 그래서 재물과 직업 운이 약하다.

② 자모음식

중심수 1·6·2로 부인과 재물이 없고 3·8·4로 자녀와 명예 운도 없는 보기 드물게 흉한 이름이다.

③ 바른네임

대체적으로 재물이 유지되며 말년 끝의 파재는 자녀에게 가는 것으로 보아 크게 흉하게 보지 않는다. 0·0의 중첩을 좌우의 1이 해결해 주었고 중심자 1·4·2는 자신의 재주와 타인의 도움으로 관과 재의 기운을 높여 주며 지지의 2·2 중첩도 좌우의 식신 3이 설기하여 재로 연결해 주니 재물 유지가 가능하다. 지지 끝의 2·5는 투기적인 욕심을 불러오므로 신중을 기하지 않으면 파재로 이어질 수 있으나 말년을 의미하는 지지의 끝에 있으므로 자녀에게 크게 물려주거나 사회에 통 큰 기부를 한다면 오히려 좋은 작용을 한다.

(8) 이○영 (여자)

8	이○영	자음식	자모음식	바른네임
	1996	0× 2× 99	97 13 949	99 23 989
	10/15	5× 7× 66	64 80 696	66 70 636

① 자음식

식상이 없고 나머지는 다 상생이다. 재운과 관운이 좋은 편이나 자녀운이나 표현력은 약하다.

② 자모음식

3·9·4·9로 자녀가 좋지 않고 문서, 건강, 배우자가 약하다.

③ 바른네임

성의 9·9가 2로 설기되어 3을 강하게 해 주는 공로는 있지만 8의 생을 받은 9가 3을 극하니 자녀에게 좋지 않다. 이때는 내가 많이 베풀어 3·4를 높여 주는 것이 좋다.

(9) 이○영 (여자)

9	이○영	자음식	자모음식	바른네임
	1996	0× 8× 99	97 89 949	99 83 989
	10/15	5× 3× 66	64 36 696	66 30 636

① 자음식

비겁을 제외한 다른 오행은 잘 상생되어 있다. 비겁이 약한데 중심수가 8이라 자아는 약하지만 무난한 이름이다.

② 자모음식

8의 생을 받은 9 · 9 · 4 · 9로 자녀에게 아주 좋지 않고 본인의 여성계 질환에 유의해야 한다.

③ 바른네임

3 · 9로 자녀에게 좋지 않은 기운이 조금 있고 본인의 여성계 질환에 유의해야 하나 배우자와 직업 운은 좋은 편으로 자모음식과 비교하면 훨씬 좋은 이름이 된다.

(10) 고○정 (여자)

10	고○정	자음식	자모음식	바른네임
	1983	9× 6× 46	91 58 455	91 58 435
	2/2	5× 2× 02	57 14 011	57 14 091

① 자음식

관성이 없으므로 직업이나 배우자 복이 약하다. 복이 약하다는 것은 내가 배우자에게 도움이 안 된다는 의미이기도 하다. 5·2의 만남으로 재물과 부친 복도 약하다.

② 자모음식

8·4·5·5로 배우자에게 좋지 않은 기운을 주나 4가 5를 생하는 데 힘을 빼므로 그 흉이 다소 약해진다. 4·0으로 자녀에게 흉하다. 1·5로 재물과 부친 덕이 약하다.

③ 바른네임

8·4·5·5로 4·3 중첩의 흉함이 5로 다소 약해지나 4 하나만 있는 것에 비해 흉함이 더 심해진다.

(11) 양○석 (남자)

11	양○석	자음식	자모음식	바른네임
	1969	22 24 06	262 154 026	252 194 006
	1/9(70)	44 46 28	484 376 248	474 316 228

① 자음식

겁재와 상관이 강하여 직업, 배우자, 재물 운이 약하다. 중심자에 2 · 4 로 인해 시한폭탄을 안고 사는 모습이기도 하다.

② 자모음식

성의 2 · 6 · 2가 중심 1 · 5 · 4로 이어지며 마지막 글자에서도 2 · 6이니 배우자와 재물이 전혀 없는 드물게 흉한 이름이다.

③ 바른네임

성의 2 · 5 · 2로 배우자, 재물, 부친의 곤란함을 갖고 태어났지만, 그 고난을 딛고 일어서면 1 · 9 · 4, 0 · 0 · 6으로 말년까지 재물 운도 좋고 부동산을 비롯한 숨은 명예도 생기니 좋다.

(12) 손○원 (여자)

12	손○원	자음식	자모음식	바른네임
	1954	59 7× 80	539 85 7979	539 86 7959
	1/23(55)	82 0× 91	862 98 0202	862 97 0282

① 자음식

3·4가 없는 것을 제외하고 다른 오행은 잘 상생되어 있으므로 자녀
운을 제외한 다른 기운은 좋은 편이다.

② 자모음식

성의 5·3·9, 8·6·2로 자녀와 파재로 인한 근심이 있다. 이름만 부르
면 좋은 구조로 바쁘게 살아간다. 다만 0·2·0·2로 이어지는 부분은 약
간의 애로가 따른다고 본다.

③ 바른네임

성의 5·3·9, 8·6·2로 자녀와 파재로 인한 근심이 있다. 이름만 부르
면 좋은 구조로 바쁘게 살아간다. 마지막이 9·5·9가 되니 재물과 명예
가 높아지며 식상 기운은 살아나 활발해지나 자녀가 있다면 그로 인한
걱정은 피하기 어렵다.

(13) 임○웅 (남자)

	임○웅	자음식	자모음식	바른네임
13	1991	40 44 33	420 474 464	440 414 464
	6/16	28 22 11	208 252 242	228 292 242

① 자음식

성에서 인성이 상관을 조절하고 겁재를 정관이 관리하고 있어서 고상하면서도 담백한 성정을 타고났다. 이름은 비겁과 식상으로만 이루어져 있어 의외의 반전이 있다. 드러난 재가 없는데 비겁이 강하다 보니 재물, 부친 인연이 약하다.

② 자모음식

성에서 4·2·0은 나의 재주와 배움이 잘 표현되고 있으며 그 표현이 나의 명예를 돋보이게 한다. 하지만, 중심수 4·7·4와 2·5·2로 그 기운을 유지하기 어렵다. 상관과 겁재의 득세로 인해 명예도 재물도 모으기 어렵고 유지하기는 더욱 어렵다. 이름 끝 자에서 재가 살아나기는 하나 매우 약하다.

③ 바른네임

성에서 5·6이 없는 것은 부친과의 인연이 약하다는 것을 의미하지만 마지막 이름자에 6이 생을 잘 받고 있으므로 부자의 인연이 돈독했음을 알 수 있다. 성의 천간 4·4·0은 인성으로 조절된 상관패인의 귀함으로 노래의 품격을 만드는 역할을 하며 지지 2·2·8은 자존심을 안으로 품어 나의 재물과 명예를 더욱 돈보이게 한다. 중심자의 승재관 1·4는 극이 없는 재관의 기운을 더욱 높인다. 4·4 상관 중첩의 흉함은 6 정재가 설기시켜 주며 이름 끝 자의 4 상관이 재를 더욱 뚜렷하게 한다. 이때는 길함도 있지만 당연히 흉함도 동반한다.

천간의 강한 상관은 자신의 재주를 뽐내기에 좋은 작용을 하지만 그에 비한 흉함도 있고, 지지의 강한 겁재도 어려서는 부친과의 관계라고 할 수 있지만 내가 한 인격체로 독립하는 장년이 지나서는 내가 소중하게 꾸려 가는 가정이나 나의 재물적 요소가 되므로 예비가 필요한데 타인에게 베풀고 봉사하는 것이 가장 좋은 방법이다. 2와 4가 많은 이름은 무한한 노력에 비해 대부분 빠른 포기와 좌절로 결과는 미흡하다. 하지만 묵묵히 버티고 해낸다면 결과는 기대 이상의 성과로 돌아온다. 중첩된 지지 겁재의 흉은 4 상관의 설기로 해소되지만 마지막에 다시 겁재가 오므로 내 고집은 조심해야 하므로 말년에는 자신을 내려놓아야 하며 가정에도 많은 관심을 가져야 한다.

(14) 박○영 (남자)

	박○영	자음식	자모음식	바른네임
14	1971 12/13	08 26 44 19 37 55	988 126 474 299 437 505	988 146 414 299 457 545

① 자음식

식상과 재성이 없는 성에서 이름의 중심에 재를 극하는 2·6이 있어서 재물, 부친, 배우자와의 인연이 없다. 지지의 중심 3·7로 인해 직업과 자녀, 명예 운이 없다.

② 자모음식

자음식과 비슷한 기운이되 1·2·6과 4·3·7로 더 흉하며 좋은 점이 거의 없는 보기 드물게 흉한 이름으로 분류된다.

③ 바른네임

8·8·1은 몸을 사리지 않고 지독하게 연습을 하는 조합이다. 그래서 건강에 무리를 주기도 하지만 이름으로 인해 문제를 일으킬 만큼 흉하지는 않다. 얼핏 보면 9·9·4로 상관의 재능을 과하게 극하는 듯 보이지만 이 이름은 전체적으로 상관이 강하므로 극보다는 조절로 보아 상관의 재능을 자극하여 기발한 재능을 독보적인 능력으로 발현시키는 역할

을 한다. 하지만, 순간적인 판단 착오는 조심해야 한다. 8·8·1의 피나는 노력은 식상생재 4·6으로 이어지고 다시 재생관 5·7이 되며 9 편인의 지적재산권인 저작권으로 마무리 저장된다. 전체적으로 5가 강하여 금전 출입이 크다. 8·8·1과 5, 여기에 가정보다 밖에 비중을 두는 강한 4의 기운으로 가정에 소홀하기 쉬우므로 세심한 관심을 두지 않으면 부부 이별을 피하기 어렵다. 하지만, 흉보다 길이 많고 본인의 피나는 노력까지 더해지니 누구나 인정하는 능력자인 것은 분명하다.

(15) 유○석 (남자)

	유○석	자음식	자모음식	바른네임
15	1972 8/14	6× 3× 39 5× 3× 40	58 45 359 67 36 460	58 49 339 67 30 440

① 자음식

관성과 비겁이 없다. 그래서 고집스럽지도, 자기의 주장만을 내세우지도 않고 배려심이 많다. 성의 재성으로 부친, 배우자, 재물 복이 좋고 3·9와 4·9로 명예롭고 좋은 이름이다.

② 자모음식

새관을 가지고 대이났으나 성의 끝 자와 이름 첫 자의 8·4·7·3으로 직업, 자녀, 명예에는 흉한 작용한다.

③ 바른네임

성에서 타고난 재관이 이름으로 이어지면서 4·9와 3·0이 성에 있는 관성을 보호해 주니 오히려 재관이 보호된다. 이름 끝 자의 3·3·9, 4·4·0으로 본인의 재주를 조절하고 연마하여 더욱 정리된 인품을 갖는다.

(16) 백○원 (남자)

16	백○원	자음식	자모음식	바른네임
	1966	64 80 02	693 859 9191	633 859 9171
	9/4	53 79 91	504 760 0202	544 760 0282

① 자음식

재물 복은 많은 이름이지만 성과 이름의 4·8, 3·8의 극으로 직업, 자녀, 명예는 좋지 않다. 0·0·2, 9·9·1로 나이 들면서 고집을 내려놓는 것이 좋다.

② 자모음식

재성이 인성을 극하여 식상이 살아나는 구조로 살아난 식상이 다시 관성을 극한다. 5·9·9, 6·0·0으로 재물 운은 좋지만 9·1·9·1,

0 · 2 · 0 · 2로 삶에 풍파가 많다.

③ 바른네임

재물 운은 아주 좋지만 1 · 7 · 1, 2 · 8 · 2와 5 · 9 · 9, 6 · 0 · 0는 따로 있을 때는 좋은 작용만 하지만 같이 있을 때는 흉 작용이 생긴다. 즉 건강이다. 관리를 철저히 해야 되고 3 · 3 · 8, 4 · 4 · 7로 구설을 조심해야 한다.

(17) 배○준 (남자)

	배○준	자음식	자모음식	바른네임
17	1972	1× 55 48	25 525 477	29 525 477
	8/29	2× 66 37	16 616 388	10 616 388

① 자음식

1 · 5의 파재와 4 · 8의 상관견관의 폐해다. 간지가 같아서 더욱 강하다.

② 자모음식

성에서 2 · 5와 1 · 6으로 어려서는 부친과의 인연이 좋지 못하고 독립된 인격체가 되면 배우자와 재물 복이 약하며 평생 동안 파재 기운이 바탕이 되므로 항상 지출 관리에 신경을 써야 한다. 다만 성을 제외한 이름만 부르면 돈과 명예가 충분한 좋은 이름이다.

③ 바른네임

성의 오행이 달라지므로 기존 자모음식의 성에 있던 흉한 기운도 없어지면서 흠잡을 데 없이 좋은 이름이다.

(18) 김○아 (여자)

18	김○아	자음식	자모음식	바른네임
	1990	79 35 3×	719 385 37	739 385 37
	9/5	46 02 0×	486 032 04	406 032 04

① 자음식

성의 끝 자와 이름의 첫 자에 자녀에게 좋지 않은 기운이며 여성계 질환에서도 자유롭지 못하지만 돈과 명예는 많다.

② 자모음식

성의 4·8, 이름의 3·7로 남편 복과 명예 복이 없고 0·4, 9·3으로 자녀 복도 없다. 0·6으로 여성계 질환도 조심해야 한다.

③ 바른네임

바른네임에서는 7·3과 0·4는 흉하게 보지 않는다. 4의 무절제와 과잉 표현을 0이 조절하고, 7의 횡포로부터 3이 나를 보호하는 역할을 한다.

(19) 송○ (남자)

	1927 4/27	자음식	자모음식	바른네임
19	송○(개명)	80 9× 68 7×	860 90 648 78	860 94 648 72
	송○희(본명)	80 64 0× 68 42 8×	860 564 97 648 342 75	860 564 99 648 342 77

① 자음식

재관인으로 생으로만 된 이름이다. 식상 없이 본명은 8·4로 자녀의 흉함과 구설을 조심해야 한다.

② 자모음식

송○로는 6·0·9·0으로 9·0의 중첩을 6이 다 해결할 수 없고 4·8·7·8로 7·8의 중첩을 다 해결할 수 없으므로 삶의 풍파와 자녀나 명예에 불리함이 있다. 본명으로는 6·0·5·6, 2·8로 건강 문제와 4·8·3·4로 자녀나 본인 직장 문제가 있다.

③ 바른네임

송○는 좋은 이름이다. 본명은 6·0·5·6, 7·7·2로 건강과 4·8·3·4로 자녀나 직장 문제, 9가 하나 더 있어 좋지 않아 자녀로 인한 아픔이 있을 수 있다. 개명을 잘한 예이다.

(20) 장○란 (여자)

	장○란	자음식	자모음식	바른네임
20	1983 10/9	35 1×77 46 2×88	306 24 708 495 13 897	306 26 708 495 15 879

① 자음식

5·1과 6·2로 재물과 부친, 1·7·7과 2·8·8로 건강에 흉 작용이 있는데 9·0이 없어서 더 힘들고 사회적인 자격이 약하다.

② 자모음식

6·2, 5·1로 재물과 부친에 흉하고 4·7과 3·8로 명예와 배우자 문제다. 중심수의 2·4는 긍정도 부정으로 바꾼다.

③ 바른네임

이름만 불리면 2·6에 의해 유년의 고생은 있지만 성과 이름을 같이 부르게 되면 재물 운과 관운이 드높아지면서 인성의 자격까지 받쳐 주니 더욱 승승장구한다.

마치며

　같은 이름도 작명법과 개인의 가치관에 따라 길한 이름이 되기도 하고, 흉한 이름이 되기도 한다. '길동'이라는 이름을 부를 때, '길동아'라고 사랑을 담아 부를 때와 화난 상태로 부르는 '길동아'는 차이가 있다. 우리가 '이순신'을 부를 때는 존경을 담아 부른다. 그러나 '원균'을 부를 때는 다르다.

　작명법에 잘 맞게 지은 이름이라도 타인이 그 이름을 대하는 이미지에 따라 파동의 차이가 있다. 당연히 좋은 마음으로 부르면 좋은 영향을 줄 것이다. 내 이름이 좋게 불리기를 바란다면 그에 따르는 수양이 필요하다. 개인의 경험이나 학문, 문화적인 배경은 지식 형성에 중요한 역할을 한다. 한번 익힌 지식도 영원하지 않으며 아는 것과 모르는 것의 경계도 모호하다. 따라서 제한된 시야의 세상은 새로운 지식에 대한 시각을 열어 두어야 한다.

　이름을 짓는다는 것은 '길흉'을 떠나 중요한 작업이다. 이름이 삶에 적지 않은 영향을 준다는 생각에 좋은 작명법으로 지은 이름을 자녀에게 주고 싶은 것이 부모의 마음이다. 하지만 신생아 작명은 당사자의 성향

이나 인생의 방향성은 고려할 수 없다. 그래서 작명가는 사주를 참고하여 작명하고 부모는 작명가가 추천해 주는 이름 중에서 자신의 취향과 가치관에 맞추어 선택한다. 선천적인 사주의 부족함을 조화롭게 채우는 것이 작명가의 본분이지만 사주를 믿지 않는 사람도 있고, 같은 사주도 관점에 따라 다르게 해석하는 등 작명은 개인적인 가이드라인 안에서 이루어지는 태생적인 한계가 존재한다. 따라서 작명법을 우선할지, 인간의 인식을 우선할 지는 상황에 따라 다르다.

작명법에 잘 맞는 이름이란 주인공과 잘 맞는 소리로 이루어진 이름을 말한다. 다년간의 연구와 임상을 통해 깨달은 것은 작명법에 맞춘 이름을 가진 사람이 그렇지 않은 사람에 비해 사회적인 성공 여부를 떠나 평온하여 자기 삶에 대한 만족도가 높다는 것이다.

작명법으로 좋지 않은 이름은 치열한 삶을 사는 경우가 많았다. 지나친 경쟁 사회에 속해 있거나 남들은 쉽게 가는 길을 어렵게 돌아가는 등, 비교적 부침이 많은 삶을 산다. 그로 인해 강해진 성격으로 성공하는 사람도 있지만 그 성공은 대부분 저절로 되는 것이 없고, 작은 성공이라도 스스로의 피나는 노력으로 이루어진다. 그래서 평온한 삶을 원한다면 그에 맞는 아호를 권해 주는 것도 좋은 방법이다. 자신의 삶에 만족한다면 작명법에 맞지 않다는 이유로 개명을 유도하는 것은 신중함이 필요하다.

항간에는 작명이 돈벌이 수단이 되어 자기가 지어 준 이름도 다시 개명해야 한다며 겁을 주는 경우도 있다 하니 부끄러운 일이다. '호박'이라는 이름이 작명법으로 최상이지만, 당사자가 '장미'가 좋다면 좋은 이름은 장미다. 보편적인 선에서는 작명법이 중요하지만 특별한 경우 작명법보다 당사자의 마음이 더 중요한 경우도 있음을 간과하면 안 된다.

좋은 작명을 하기 위해서는 시간적 여유가 되면 독학 또는 좋은 스승을 두어 전문적인 지식을 습득한 후 작명에 임하고, 그렇게 할 자신이 없다면 전문 작명가에게 의뢰를 하는 것이 바람직하다. 의사가 약을 처방하는 데 걸리는 시간은 불과 몇 분이다. 약사도 처방된 약에 맞추어 약을 조제하는 시간은 몇 분이면 족하다. 그러나 그들은 의무교육을 제외하고도 오랜 시간, 노력, 비용을 지불하여 의사, 약사가 된다.

작명가도 마찬가지다. 감기가 걸려도 잘 낫는 병원을 알아보고 가듯이 평생 내 몸같이 써야 할 이름도 훌륭한 작명가를 선택하는 혜안이 필요하다.

이외, 아이디, 닉네임, 예명, 필명, 아호 등은 작명 방식이 모두 같지는 않지만 이름 작명과 비슷한 방법으로 가능하다. 하지만, 상호는 인명과는 차이가 있으므로 함부로 지으면 사업의 실패로 이어질 수 있으므로 주의를 요한다.

이름은 부르기 쉽고, 듣기 좋으며, 긍정적인 의미로 오래 기억되어야 한다. 자기 이름이 작명법에 맞춘 좋은 이름이라는 인식은 플라세보 작용은 하겠지만 기복祈福적인 의미를 과하게 부여하지 말아야 한다. 반대로 기복에 대한 비판으로 구복求福에 대한 지나친 주저도 지양해야 한다.

좋은 작명이란 작명법에 맞춘 당사자가 좋아하는 이름이다. 더불어 선천적인 운명의 불리함을 보완하고 중화를 이루어 주인공의 삶이 더욱 돋보이도록 도움을 주는 것이다.

당신이 모르는
이름의 비밀

ⓒ 노선경, 2023

초판 1쇄 발행 2023년 10월 15일

지은이   노선경
펴낸이   이기봉
편집   좋은땅 편집팀
펴낸곳   도서출판 좋은땅
주소   서울특별시 마포구 양화로12길 26 지월드빌딩 (서교동 395-7)
전화   02)374-8616~7
팩스   02)374-8614
이메일   gworldbook@naver.com
홈페이지   www.g-world.co.kr

ISBN   979-11-388-2399-9 (13180)